O PAÍS DA BOLA
betty milan

Obras da Autora

ROMANCE

O sexophuro, 1981
O papagaio e o doutor, 1991, 1998 (França, 1996; Argentina, 1998)
A paixão de Lia, 1994
O clarão, 2001 (Finalista do Prêmio Passo Fundo Zaffari & Bourbon de Literatura)
O amante brasileiro, 2004
Consolação, 2009
A trilogia do amor, 2010

BIOGRAFIA

Carta ao filho, 2013

ENSAIO

O jogo do esconderijo, 1975
Manhas do poder, 1979
Isso é o país, 1984
O que é amor, 1983; *E o que é o amor?*, 1999
Os bastidores do Carnaval, 1987, 1988, 1995 (França, 1996)
O país da bola, 1989, 1998 (França, 1996)

ENTREVISTA

A força da palavra, 1996, 2012
O século, 1999 (Prêmio APCA)

CRÔNICA

Paris não acaba nunca, 1996, 2008 (China, 2005)
Quando Paris cintila, 2008

COLUNISMO

Fale com ela, 2007
Quem ama escuta, 2011

INFANTIL

A cartilha do amigo, 2003

TEATRO

Paixão, 1998
A paixão de Lia, 2002
O amante brasileiro, 2004
Brasileira de Paris, 2006
Adeus doutor, 2007

O PAÍS DA BOLA
betty milan

EDITORA RECORD
RIO DE JANEIRO • SÃO PAULO
2014

CIP-BRASIL. CATALOGAÇÃO NA PUBLICAÇÃO
SINDICATO NACIONAL DOS EDITORES DE LIVROS, RJ

M582p
2. ed.
    Milan, Betty, 1944
    O país da bola / Betty Milan. – 2. ed. – Rio de Janeiro: Record, 2014.

    ISBN 978-85-01-10246-1

    1. Futebol - Brasil - Crônicas. I. Título.

14-10902
                              CDD: 869.8
                              CDU: 821.134.3-8

www2.uol.com.br/bettymilan
Copyright © by Betty Milan, 1989, 1998, 2014

Projeto gráfico: Luiz Stein Design (LSD)

Equipe LSD: Eduardo Alves e Fernando Grossman

Texto revisado segundo o novo Acordo Ortográfico da Língua Portuguesa.

Direitos exclusivos desta edição reservados pela
EDITORA RECORD LTDA.
Rua Argentina, 171 – 20921-380 – Rio de Janeiro, RJ – Tel.: 2585-2000
Impresso no Brasil

ISBN 978-85-01-10246-1

Seja um leitor preferencial Record.
Cadastre-se e receba informações sobre nossos   EDITORA AFILIADA
lançamentos e nossas promoções.

Atendimento e venda direta ao leitor:
mdireto@record.com.br ou (21) 2585-2002.

para Marcos de Azevedo Acayaba

E se o futebol para ser brasileiro não pudesse viver esquecido da brincadeira de bola e o Brasil devesse brincar para ser sério?

INTRODUÇÃO À NOVA EDIÇÃO 8

INTRODUÇÃO 12

FUTEBOL ESPERANÇA 16

A COPA PERDIDA 26

UM PAÍS DIVIDIDO 38

O PAÍS DA BOLA 52

A PRIMEIRA-DAMA 62

O BRAAASILLL 70

PALAVRA DE CAMPEÃO 84

NOTAS 96

SOBRE OS JOGADORES E OS TERMOS 103

CONTRA O TABU DA BOLA 138
Por Edilberto Coutinho

AGRADECIMENTOS 142

INTRODUÇAO À NOVA EDIÇÃO

O **país da bola** é um livro que eu escrevi em 1989. Nele, focalizei o futebol brasileiro, procurando mostrar que o estilo do nosso jogador é o de uma cultura que privilegia o brincar.

Não esperava, apesar do afinco com o qual trabalhei, que o livro tivesse uma segunda edição no Brasil e uma edição na França em 1998. Nem que chegasse, neste ano de 2014, na terceira edição brasileira, comemorando uma nova Copa do Mundo com a bola rolando aqui no país dos Canarinhos.

De 1995 para cá, o futebol mudou muito. Como me disse Michel Platini em entrevista de dezembro de 2013, as regras foram alteradas e o jogo se acelerou. "Ninguém mais perde tempo para buscar a bola quando ela sai do campo — há outras no entorno. Por outro lado, o goleiro não está mais autorizado a pegar com a mão a bola passada por um jogador do time dele; é obrigado a reenviá-la chutando. O estilo do futebol se globalizou. Depende menos do jogador do que do técnico e do time ao qual ele pertence."

Nesse contexto, faz sentido ainda falar de um estilo brasileiro? As jogadas de Neymar e as pedaladas de Robinho permitem responder afirmativamente. Não brincam como Garrincha, mas, como este, se valem do jogo para se divertir. O brincar é uma característica nossa, que tende a se perpetuar, pois a nossa cultura não se realiza sem a brincadeira. Antes de pertencer a um time estrangeiro e ser formatado pelo técnico do mesmo, o jogador brasileiro se forma na cultura do brincar.

Pode ele até se esquecer das suas origens, mas estas não se esquecem dele e se manifestam explícita ou sorrateira-mente, levando o público ao delírio da alegria. Por isso, evo-cando a tradição ocidental da trégua sagrada — que desde as Olimpíadas gregas proíbe a guerra no período dos jogos —, Platini espera um campeonato pacífico. E concluiu sua entre-vista dizendo que, "para os torcedores do mundo inteiro, assis-tir à Copa do Mundo no Brasil é tão importante quanto para os muçulmanos ir a Meca".

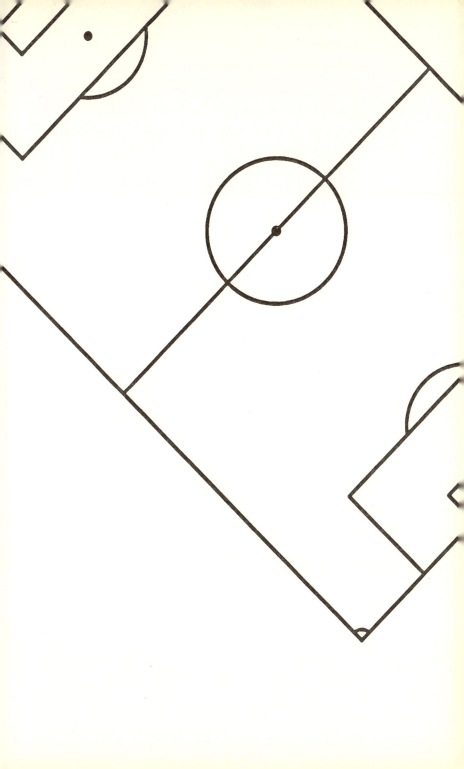

INTRODUÇÃO

A cultura francesa privilegia o *droit*, a inglesa o *fair play* e a espanhola *el honor*.[1] Nós, brasileiros, privilegiamos o brincar. Aconteça o que acontecer, nós brincamos, porque para isso podemos prescindir de tudo, só precisamos da imaginação. O samba que o diga:

Com pandeiro ou sem pandeiro
Ê, ê, ê, ê, eu brinco
Com dinheiro ou sem dinheiro
Ê, ê, ê, ê, ê eu brinco

Pedro Caetano e
Claudionor Cruz, 1944

Tanto podemos abrir mão do pandeiro quanto do dinheiro por sermos capazes de improvisar o que desejamos, valendo-nos do que estiver ao alcance da mão. Os brasileiros de todas as classes são escolados na improvisação, que pode mesmo ser considerada um traço cultural.

Essa tendência se manifesta claramente, por exemplo, no Carnaval, festa em que é hábito recorrermos ao que está no armário para fazer a fantasia. Assim, a partir de um top chegamos a uma bailarina, acrescentando apenas um saiote de tule e um chapeuzinho redondo feito com tampa de caixa de queijo e tecido bicolor. Uma frente única, um *fuseau* e alguns colares de pérolas falsas compõem a roupa da fantasia de turca, que só requer a compra de um chapéu — a menos que também o façamos em casa com feltro e pingente de borla.

O luxo da cultura brasileira é a imaginação, que nós muito valorizamos. As histórias infantis induzem a contornar o impossível imaginando e a realizar assim o desejo. "Queres ir ao céu?", pergunta o narrador de uma delas, já respondendo: "Toma o pó de pirlimpimpim." Pó que, nós, crianças, tomávamos para, com os personagens, desembarcar na Lua, ver São Jorge espetar o dragão de língua vermelha com ponta de flecha e olhos de fogo. "Queres encontrar Branca de Neve, Peter Pan, Capitão Gancho, Dom Quixote e Sancho Pança, Aladim e Xerazade reunidos? Senta no tapete voador para ver." E nós assistíamos à chegada simultânea deles todos no Brasil.

Somos formados desde pequenos para inventar e, por isso, o futebol brasileiro é particularmente criativo, produzindo jogadores capazes de fazer o impossível acontecer, propiciar a experiência da surpresa de que necessitamos para aplacar a nostalgia da infância, época em que todo dia nos deparávamos com alguma novidade absoluta. O estilo do nosso jogo é o de um povo que se entrega à imaginação porque vê nela uma saída.

Interessa aqui focalizar o estilo deste povo e, para isso, nós atravessaremos o país da bola, indicando o que faz do *football* o futebol e, dos nossos jogadores, figuras lendárias. Na travessia, o leitor enveredará pelo Brasil que faz sonhar, o Braaasilll, e talvez se diga que o gol bem pode nos representar.

FUTEBOL ESPERANÇA

"Na França, um vilarejo é uma torre de igreja; no Brasil, uma bomba de gasolina e um campo de futebol", me disse um jornalista esportivo francês[2] voltando da Transamazônica. "Os brasileiros são feitos para o jogo, e este, para eles", escreveu outro,[3] acrescentando que os cariocas, antes de serem cristãos, comunistas, brancos ou negros, eram torcedores de Vasco, Fluminense, Flamengo ou Botafogo.

Tamanha paixão que o calendário esportivo serve para tudo rememorar — até a data do casamento, como na briga de marido e mulher narrada por um radialista mineiro:

— *Você só pensa em futebol. Vai ver que já nem lembra do dia do nosso casamento — diz a esposa.*
— *Claro que me lembro! Foi na véspera de um jogo entre o Santos e o Corinthians, jogaço, Santos 4 a 1.*[4]

Os homens brasileiros sabem de si pelo futebol, cujos fatos conhecem a ponto de descrever gols ocorridos décadas atrás, a formação da jogada, a reação do goleiro etc. O jogo a eles importa tanto quanto a vida, como é patente no diálogo seguinte:

— *Você reza?*
— *Às vezes.*
— *Às vezes como?*
— *Andando de avião eu rezo.*
— *E quando mais?*
— *Quando o meu time joga, o Botafogo.*[5]

O sujeito ora pela vida e pela vitória do time, que é a da identidade. Ora para conjurar o risco da ferida narcísica que o fracasso imporia. Do jogo depende o seu ser, que assim se diz no cotidiano através das expressões do futebol.

Sentindo-se querido ou cobiçado, o brasileiro garante que o outro lhe "deu bola". Tendo enganado o opositor, vangloria-se com o verbo "driblar". Tendo se enganado, confessa que "pisou na bola". Se excluído de atividade ou grupo, está "fora da jogada". Se em dificuldade, mas com intenção de vencer, vai "derrubar a barreira" e então clama: "bola pra frente". Caso, no entanto, abra mão da luta, anuncia que "tira o time de campo". Ameaça aposentar-se "pendurando as chuteiras", seja homem ou mulher, presidente da República ou cantora de sucesso. O ex-presidente Jânio Quadros, eleito prefeito de São Paulo, então não mandou pendurar as suas no gabinete, para assim garantir que nunca mais se candidataria? Elis Regina declarou à imprensa que teria um dia a dignidade de "pegar a chuteira e pendurar, porque aí já era".[6]

A língua fez o *football* passar a futebol, deixando-se moldar por este. Já não bastaria isso para privilegiarmos o jogo? O futebol indubitavelmente nos espelha e a sua tática serve para diferenciar as nações. Isso não escapou ao estrategista Henry Kissinger.[7] A seleção alemã, segundo ele, joga como o Estado-Maior se preparava para a guerra. Jogadas meticulosamente planejadas, homens treinadíssimos para o ataque e a defesa, tendo considerado tudo o que era humanamente previsível. Já a seleção italiana procura economizar energia para a tarefa decisiva e forçar o adversário a abrir mão da tática planejada. Daí ser defensiva, além de demolidora. O Brasil se caracteriza, em contrapartida, pelos jogadores mais acrobáticos do mundo, capazes até de esquecer que o objetivo do jogo é marcar gols, convencidos de que a virtude sem alegria é uma contradição; individualistas, porém dispostos aos ajustes práticos necessários a um desempenho eficiente.

Tanto pela tática quanto pelo modo de falar do jogo, diferenciamos um país do outro. Assim, em entrevista a Marguerite Duras, Michel Platini[8] diz que o futebol não tem nenhuma lei e não é necessariamente o mais forte que ganha. Basta o goleiro escorregar e a seleção perde. Acrescenta que não terá sido culpa daquele, pois o futebol é feito de erros. Ninguém errasse, o resultado seria 0 a 0 — jogo perfeito, mas sem nenhum gol.

A interpretação de Platini é, para nós brasileiros, absolutamente surpreendente. Jamais assimilaríamos o escorregão ao erro. Tendemos antes a pensar no azar, invocar uma força desconhecida para a explicação do fato. Para os franceses, o limite da sua ação está no desempenho. Já nós nos consideramos sujeitos a algo que nos ultrapassa, que não podemos controlar e é absolutamente determinante. Por outro lado, jamais nos ocorreria que o jogo pudesse ser perfeito sem gols. Só o seria por uma goleada excepcional e lances inacreditáveis. Em suma, pela irrealidade. O critério da excelência da partida é a sua magia.

O futebol brasileiro, diz Roberto DaMatta,[9] não é *sport* — como para americanos e ingleses —, é jogo, e por isso só dizemos jogo de futebol. Além de implicar sorte, depende de malícia. Isso porque o futebol nasce como brinquedo, brincadeira de bola, e não renuncia depois ao brincar, que se associa à manha. Garrincha teria sido Alegria do Povo se não fosse manhoso como era, sem tanto driblar?

À criança europeia, o adulto ensina com Chapeuzinho Vermelho a não desobedecer e com Pinóquio a não mentir. À brasileira, ensinamos com Emília, personagem de Monteiro Lobato, a fazer de conta. Vira e mexe, a ousada boneca zomba da "gente grande", que é "bicho bobo", pois desconhece "essa coisa tão simples que é o faz de conta", permite negar a geografia e a cronologia, encontrar o herói grego Belerofonte no Sítio do Pica-Pau Amarelo e os moradores desses confins paulistas na Grécia de Péricles. Através da boneca, Lobato faz pouco de quem "não sabe se regalar com as delícias do brincar", incitando a criança a desconfiar do adulto e este a gozar ainda das regalias daquela, desrecalcar-se tomando e distribuindo, se preciso for, o pó de pirlimpimpim, como supostamente fazia Pelé, segundo um torcedor.[10]

O fato é que nós muito brincamos. No cotidiano, fazendo pouco do que nos incomoda ou mesmo fazendo de conta que é outra a realidade. O ano inteiro brincando com a pelota e todo ano no Carnaval. Se para jogar não dispusermos de bola oficial, improvisaremos uma. Que se faça uma bola com as meias disponíveis no quarteirão! Se para sambar não houver instrumento, com uma lata qualquer nos bastamos:

> *Já que não temos pandeiro*
> *Para fazer a nossa batucada*
> *Todo mundo vai batendo*
> *Na lata velha e toda enferrujada*

Para poder formar no samba
Para entrar na batucada
Fabriquei o meu pandeiro
De lata de goiabada
Sai do meio do brinquedo
Não se meta, Dona Irene,
Porque fiz o meu pandeiro
De lata de querosene...

João de Barro, Almirante e
Noel Rosa, 1930

Precisamente porque vivemos sob o imperativo do brincar, o Carnaval e o futebol são paixões nacionais. O espanhol não se concebe sem a tourada; nós, sem os dois rituais em que existimos, autorizados, como na infância, a fazer de conta, realizando a fantasia universal de, apesar da idade, poder brincar, beber assim na fonte de Juventa. Subversão de valores através de uma contracultura de massa,[11] a cultura do faz de conta e do driblar.

Jogar futebol no Brasil é, portanto, natural. Se o menino inglês, italiano ou francês chega ao clube para aprender, o nosso já chega fazendo tudo com a bola e dizendo que, tirante o goleiro, ele brinca nas dez posições.[12] O treinador não ensina o primeiro chute, seleciona entre moleques capazes de amortecer a bola em plena corrida, driblar e chutar com os dois pés.

Ganhando a Copa ou não, somos campeões na paixão pelo jogo, que nos dá a certeza de sermos quem imaginávamos e confirma assim a identidade. Mais ainda: ele oferece a realidade igualitária com que sonhamos. O futebol, no Brasil, não é exclusividade de ninguém. Quem não joga no clube joga na várzea ou na praia. Qualquer um pode, desde que no time haja vaga e o candidato tenha a palavra certa para entrar.[13] O que vigora é a regra, a civilidade. A todos, pois, é dado brincar e mesmo tentar a sorte na vida pelo jogo, onde só o desempenho conta. "Ninguém pode ser promovido a astro do futebol pela família, pelo compadre ou por decreto presidencial."[14] Ascensão e queda só dependem da competência, e não das relações pessoais, como normalmente ocorre na sociedade brasileira, na qual "quem é bom já nasce feito", rico e destinado a ser doutor.

O sucesso no jogo sendo sinônimo de talento, o futebol significa, para os deserdados, uma promessa de renascimento. O jogador, como o sambista, não se faz pelo berço e faz pouco do bacharelado. O grande compositor Lamartine Babo que o diga:

Para fazer meu samba
Não tirei diploma

Lamartine Babo, 1930

O fato é que, entre nós, futebol é democracia. Todos iguais perante ele, ainda que desiguais perante as leis. Regras universais inalteráveis no jogo, leis sujeitas a casuísmo na política. Razão demais para se privilegiar o futebol, experiência de legitimidade e acatamento das leis.

Isso explica o ocorrido na Copa de 1970. A palavra de ordem da oposição à ditadura militar era, então, de que se torcesse contra a Seleção Brasileira. Que nada! A consciência crítica não resistiu ao nosso primeiro ataque bem-sucedido. A cada vitória dos "canarinhos" era um Carnaval espontâneo nas ruas das grandes cidades, e, no dia do tricampeonato, o país inteiro se entregou à folia, apossou-se das praças e das ruas, celebrando freneticamente o título. Braaasilll!, gritava a multidão entre as escolas de samba, os blocos e as bandinhas mais eufóricas. O país da bola raiou e pôde a pátria ser amada, o dramaturgo Nelson Rodrigues declarar oportunamente que já não era preciso ter vergonha de ser patriota.

Do Braaasilll pudemos nos orgulhar. Deu as Copas, fazendo jus à palavra democracia. No seu espaço vigorava a lei e também a sanção. Já isso bastaria para que o país da bola servisse de exemplo ao outro.

Nós, brasileiros, nos fazemos através do Braaasilll, e é por isso que na Copa do Mundo nos vestimos de verde e amarelo, nos apropriamos da bandeira para agitar no estádio ou no corso e assim, torcendo, nos certificamos da unidade nacional. Nossa identidade não se molda através do Estado, da Igreja ou da Universidade. Os nossos heróis são os jogadores e os carnavalescos, os homens que desafiam em campo a própria lei da gravidade e os que vemos sambar numa corola iluminada de penas e de plumas, nos carros alegóricos da avenida. São humanos como eu ou serão divinas estas aparições da Maravilha?, perguntamo-nos extasiados, querendo neles todos nos espelhar.

Sou quem?, indaga o nosso guri, sabendo-se do povo de Pelé, já dependendo do futebol para amar a si mesmo, comemorar nas ruas a sua existência ou se recolher arrasado pela derrota. Quem se esquece do silêncio que na Copa de 1986 tomou o país, se alastrou como a peste, esvaziando as ruas da cidade? O jogo contra a França perdido por um pênalti! Teria mesmo sido possível?, indagávamos sem falar, pois que brasileiramente não fazíamos alarde da tristeza. Trancafiados em casa e em nós mesmos, esperávamos só do tempo a cura daquela ferida narcísica. O "canarinho" já não retornaria glorioso, o Braaasilll havia soçobrado como o Titanic. Adeus, vitória!

De luto estávamos, porque, no Brasil, o futebol nos leva ao céu, mas também pode se converter numa tragédia.

Assim foi em 1950.

A COPA PERDIDA

O *football*, no Brasil, data de 1894, ano em que Charles Miller, paulista de origem britânica, trouxe da Inglaterra, além de duas bolas, um manual sobre as regras do jogo.

O futebol enquanto paixão nacional pode ser datado da inesquecível derrota da Copa de 1950. O Brasil não se concebe sem lembrar dela. Nelson Rodrigues dizia:

> *"O brasileiro já esqueceu da febre amarela, da vacina obrigatória, da gripe espanhola... Mas o que ele não esquece, nem a tiro, é do chamado 'frango do Barbosa'... Qualquer um com esse frango estaria morto e enterrado com o seguinte epitáfio: 'Aqui jaz fulano, assassinado por um frango.'"*[15]

O goleiro Barbosa foi o bode expiatório de uma tragédia cuja história nos espelha, revelando os mitos de que fomos vítimas. Tramou-se como? Desenrolou-se em que cenário? Associou e opôs que personagens?

1948, o Brasil, que desde 1938 pleiteava a organização da Copa do Mundo, consegue enfim ser ratificado como sede. Dez anos à espera! Podia não se engalanar? A menos de dois anos do campeonato, lançamos a pedra fundamental do que viria a ser o Maracanã. 1.500 operários na lavra de 10 milhões de quilos de ferro, 3 milhões de tijolos, 500 mil sacos de cimento para construir, em tempo recorde, estádio maior que os dos Estados Unidos, da Inglaterra e da Escócia. Com 944,62 metros de perímetro e capacidade para 155 mil espectadores.

O Portentoso foi inaugurado em 16 de junho de 1950 pelo presidente da República e teve cinco dias de festa. Ao Brasil e ao Rio de Janeiro mais interessava o futebol que as eleições presidenciais próximas ou a guerra da Coreia. Através do jogo, um país sem glórias, saído de uma longa ditadura, pretendia se sagrar como nação. O Carnaval de 1950 se debruçava sobre o maior dos carnavais a ser vivido, o da vitória de 16 de julho, a final da Copa. Terça-Feira Gorda, a Copa foi tema do desfile das grandes sociedades. Acabadas as festividades momescas, já ansiávamos pelas outras do Maracanã.

A Copa chegou. Primeira fase e o Brasil figura na frente em seu grupo, nenhum ponto perdido. Segundo lugar, Uruguai e Espanha. Terceiro, Suécia.

Pela tabela, ato seguinte, jogariam de início Brasil contra Suécia e Uruguai contra Espanha. Depois, Brasil contra Espanha e Uruguai contra Suécia.

Brasil x Suécia é a nossa goleada triunfal, 7 a 1. "Um futebol do futuro, surrealista, taticamente falho, mas tecnicamente maravilhoso".[16] espetáculo raro assistido por 140 mil torcedores. Os suecos? Mesmo seu gol de honra foi pênalti.

Brasil x Espanha, repete-se a goleada, 6 a 1. O povo contracena: lenços brancos, fogos de artifício, balões verde-amarelos para o céu. Um coro de 200 mil vozes celebra a vitória brasileira sobre a "Fúria" espanhola, entoando "Touradas em Madri":

Eu fui às touradas em Madri
(...)
Eu conheci uma espanhola
Natural da Cataluuunha
Queria que eu tocasse castanhola

E pegasse o touro a uuunha
Caramba
Caracoles
Sou do samba
Não me amoles (...)

João de Barro e
Alberto Ribeiro, 1937

Segundo um comentarista italiano,[17] teria havido no Brasil x Espanha ciência, arte, balé e até jogadas de circo. Zizinho era para ele um Da Vinci criando no gramado verdadeiras obras-primas com os pés.

Nesse meio tempo, o Uruguai havia suado a camisa para vencer as equipes que o Brasil goleara brincando! Supostamente, ganharíamos dos uruguaios. Mesmo porque a Seleção Brasileira entraria em campo na final com um ponto de vantagem, só precisando do empate para levar o título.

Suposição não é certeza. Quis a história que o país se esquecesse disso. Véspera da partida, 15 de julho, a imprensa profetizava a vitória. "Venceremos o Uruguai."[18] "O futebol mundial tem novo senhor. Brasil se chama o novo astro-rei."[19] O primeiro efeito foi a revolta dos uruguaios, sua determinação de ganhar. Que se urinasse sobre a foto dos brasileiros, mandou o capitão dos nossos adversários, Obdulio Varela, e sua palavra de ordem foi cumprida.

O Uruguai se preparava, o Brasil se descuidava. São Januário, onde estava concentrada a Seleção, passou a ser a sede da política nacional, discurso em cima de discurso. Na véspera do jogo, não houve possibilidade de treinar.

De cinco em cinco minutos, chegava um ônibus, um caminhão, gente desejando felicitar antecipadamente os campeões. A concentração se tornou um verdadeiro ponto de romaria. No dia da disputa, os jogadores foram acordados às 7 horas da manhã para assistir à missa. Em vez de dormir e relaxar as pernas, tiveram de ajoelhar e ficar de pé.

Se já éramos vitoriosos, precisávamos de pernas para quê? No contexto dessa ilusão, a Seleção Brasileira entrou em campo às 14h30, freneticamente aclamada pela multidão. Ouviu ainda pelos 254 alto-falantes do estádio o prefeito do Rio de Janeiro conclamá-la a defender a pátria, se endereçando assim aos jogadores: "Vós, que não possuís rivais em todo o hemisfério. Vós, que superais qualquer outro competidor. Vós, que saúdo como vencedores."[20]

Podem os que não têm rivais, os insuperáveis, competir? A mensagem do "país oficial" era contraditória e contrária ao bom desempenho da seleção. Não obstante, embora só aos 3 minutos do segundo tempo, o primeiro gol foi nosso. Ainda que o Uruguai marcasse um, nós seríamos vencedores. Mas, quando isso ocorreu, um silêncio tumular dominou o Maracanã: "Mudos de espanto, os torcedores esqueceram que o jogo prosseguia (...) e nós jogávamos pelo empate."[21] À imagem do prefeito, a torcida recusava a necessidade de jogar para ganhar, correr o risco. Quem é bom não nasce feito? E, por estar identificada às elites, a torcida inconscientemente se opôs aos jogadores. O efeito dessa conduta sobre a seleção só podia ser negativa. Aos 34 minutos, a tragédia se consumou. O Uruguai marca o segundo gol e Barbosa se vê condenado pelo seu "frango eterno". A Copa era deles.

O Brasil, que existe dividido entre quem desacredita do esforço para se fazer e quem só através deste se faz, foi vítima do imaginário das classes dominantes, que arrebatou a torcida, sabotando a performance dos jogadores.

Ter jogado em terreno alheio só nos favoreceu nas Copas de que saímos vitoriosos (1958, 62, 70, 94 e 2002). Nenhum discurso que nos impedisse de suar a camisa para levar a melhor. O Brasil não existe sem o Braaasilll, a mátria verdadeira, que aquele, no entanto, só quer menosprezando, como o senhor quer o escravo. Verde-amarela a nossa bandeira? Só para ser hasteada, e não para servir a esse "vosso" Carnaval.

O fato é que, no dia 16 de julho, a tristeza se abateu sobre o Maracanã. Antes de se entregar a ela, a torcida teve a dignidade de aplaudir o escrete uruguaio. O "povão" reconheceu a legitimidade da vitória. Já o poder público se ausentou. Jules Rimet fez a entrega da taça sem guarda de honra nem hino, quase às escondidas, e, se apertou a mão do técnico uruguaio, não disse uma só palavra.

Siderada pela derrota, a torcida demorou a deixar o estádio. O maior velório da face da Terra, gente chorando e carpindo nas cadeiras e nas gerais. Havia quem não tivesse força para um passo, para um só gesto. Os corredores e as rampas do Maracanã foram ocupados por uma multidão que se movia calada, "um batalhão de mortos-vivos".[22]

O ritual do luto se espraiou pela nação. Tal golpe não será esquecido tão cedo, as cicatrizes são permanentes, escrevia-se na grande imprensa.[23] Houve quem desacreditasse de planos e projetos. De que valia fazê-los se a sorte não ajudava? O azar demasiado explicava-lhes a derrota. Mas a desgraça foi atribuída sobretudo "à deficiência de uma raça de índios e pretos". Dois jogadores da seleção, ambos negros, tornaram-se bodes expiatórios.

— *O culpado foi o Bigode!*
— *Ora...a culpa é do Barbosa!*
— *Somos uma sub-raça...*
— *Isso é coisa de negro!*[24]

O racismo servia para minorar a frustração, porém não houve como superá-la. Goleada contra a Suécia, contra a Espanha. Por que perdemos?

Sabemos hoje responder: porque proclamamos antecipadamente a vitória e, assim, minamos o terreno dos jogadores, que não entraram em campo para jogar, fosse para repetir a goleada, fosse simplesmente para não perder. "Quem não chora não mama" — e quem não joga não ganha. Cumpriu-se na Copa o Destino pela sagração paradoxal da derrota. Cumpriu-se o Jogo que implica o risco e a incerteza.

Mas o que nos faz acreditar na vitória sem laivo de dúvida? O que há nisso de especificamente brasileiro? Que mitos nos armaram a esparrela?

"Deus é brasileiro", dizemos, negando assim que possamos ser contrariados ou devamos nos preocupar. Isso é patente no hábito de conjurar a ansiedade, dizendo "não esquenta" ou "calma, bicho, que no fim dá tudo certo". Afligir-se ou se antecipar aos fatos para quê, se ele é nosso? Tal a crença numa solução mágica, no bem que forçosamente advirá de algum céu — seja o do Senhor Jesus Cristo, seja o do Senhor dos Orixás — que a realidade pode ficar por conta da magia.

Se Deus não fosse brasileiro, nós o naturalizaríamos; mas, como Ele o é, o sucesso é garantidamente nosso. Só isso explica o fatídico discurso do prefeito do Rio na Copa de 50, o "vós que sereis aclamados campeões" etc., o mito de que venceremos inevitavelmente, ao qual se acrescenta o de que isso ocorrerá sem nenhum esforço.

Como dissociar esses dois mitos daquele que presidiu ao Descobrimento e à colonização, o de que éramos o próprio sítio do Paraíso Terrestre, o país onde o maná caía do céu ou brotava da terra espontaneamente? O fato é que o Brasil das classes dominantes quer ganhar sem lutar, só se deixa governar pela lei do menor esforço e faz bem pouco de quem é "cu de ferro" ou "caxias".

A lida entre nós não é valorizada. Boa a vitória que é quase dada e, assim, confirma a fantasia de sermos os eleitos. Desejamos "jogar tranquilo" e "desarmar tranquilamente o adversário", dizer então que jogamos e desarmamos "brincando", ou seja, sem pena alguma, pois nós a ela somos contrários. Quando penamos, nos fechamos em copas. Direito pleno de se manifestar, só a alegria deve ter, e até na morte pode o brasileiro recusar o pranto. 1933, o samba rezava assim:

Quando eu morrer,
Não quero choro nem vela,
Quero uma fita amarela
gravada com o nome dela.
Se existe alma,

se há outra encarnação,
eu queria que a mulata
sapateasse no meu caixão.

Noel Rosa, 1933

1969, a sensibilidade era a mesma:

Quando eu morrer,
Não quero ninguém chorando.
Quero a mulata
No velório rebolando.

Rutinaldo de Oliveira e Silva e
Milton de Oliveira, 1969

Alegria ordena o samba, que imita a vida. 1902, o
Rio de Janeiro faz cortejo fúnebre de dois carnavalescos
ao som de uma batucada. Toca primeiro o surdo, mas depois entram pandeiro, tamborim, chocalho e reco-reco.
Sorrateiramente, começa a mulata a rebolar. No cemité-
rio, a folia só entrega os mortos ao coveiro cobrindo de
confete o caixão, dançando até que um dos foliões, in-
dumentária negra da Morte, crucifixo na mão esquerda e
uma tíbia na direita, grite do cimo de um mausoléu:

— *Viva o Carnaval!*[25]

Mais do que a morte, assusta-nos a tristeza, que
brincando procuramos superar. Não é sério, então, o brincar?[26] Só não é triste. Por isso, precisamente, é desqua-

34

lificado por quem associa a seriedade ao sofrimento, por uma elite que na realidade pouco brinca e, na Copa de 50, não soube levar a sério a condição física de quem "brincando" podia ganhar, repetir as goleadas contra a Suécia e a Espanha.

Até a se ajoelhar foram os jogadores obrigados, em missa de duas horas, a que assistiram quase toda de pé na manhã do jogo. O almoço? Esquecido e substituído por um sanduíche de mortadela para cada um. E todos precisando empurrar o ônibus que encrencou a caminho do Maracanã! O Brasil dos cartolas sabotou o Braaasilll, e nós fomos vítimas do mito de que bem se pode ganhar brincando, porém é impossível brincar para ganhar, vencer através do nosso estilo. Só nos deixamos assassinar por um "frango" por termos desacreditado da paixão que nos anima, em vez de nos servir dela como Garrincha ou Pelé, que, de maneiras diversas, levaram a brincadeira às últimas consequências, exercitando-se dia e noite na arte de driblar.

1950, contra todas as expectativas, não fez, dividiu a nação. Diante da derrota, o Brasil oficial se retirou de cena, deixando sozinho Jules Rimet e sua fatídica taça. O povo assistiu à entrega, foi digno do jogo, sendo elegante. Outro, para ele, o sentido do futebol, que deve ser maneiro para ser bom, desdobrar-se artisticamente através do passe, da ginga, da finta, do improviso e, se possível, do gol, pois "ainda que este seja o objetivo maior de uma partida, entre nós ele perde para o espetáculo".[27] Ao povo, mais importa o desempenho do que o resultado; ele vive o jogo identificado com o jogador, cuja paixão é a sua. Daí a oposição que o Brasil oficial lhe faz.

UM PAÍS DIVIDIDO

O Brasil não merece o Braaasilll que se quer independente e desacata até o presidente da República. 1927, de cartola e casaca, Washington Luís vai ao estádio do Vasco, o maior da América do Sul, assistir ao *match* Rio x São Paulo. O jogo começa, mas não dura. É subitamente interrompido por causa de um pênalti contra a equipe de São Paulo, que ameaça abandonar o campo. O presidente Washington Luís envia seu chefe de gabinete exigir dos jogadores que continuem no jogo. Indignado, o capitão Feitiço responde que lá em cima, na tribuna de honra, mandava o Doutor, já embaixo o mando era do mulato Feitiço, que, aliás, tirou imediatamente o time de campo.

1969, o general-presidente Médici indica para centroavante um determinado jogador. João Saldanha, técnico da Seleção, dá o troco à ditadura militar nos seguintes termos: "Não me meto a escalar seu ministério, não se meta a escalar meu time."[28] Uma resposta que lhe custaria depois o cargo, porque, ao contrário do Braaasilll que sabe dos seus limites, o Brasil oficial usurpa o poder, usando o Carnaval e o futebol.

Dada a usurpação, a nossa *intelligentsia* dizia, na década de 1970, que o futebol era o ópio do povo, entorpecia, fazendo esquecer a nossa pobreza — portanto, militava contra a sociedade brasileira e os seus verdadeiros interesses. "Lembra-te incessantemente" era a palavra de ordem de uma *intelligentsia* incapaz de se mobilizar eficazmente contra a miséria e que, a exemplo do verdadeiro opiômano, tudo concebe sem nada poder executar. À imagem de Tântalo, não alcança o fruto que está ao alcance de sua mão e, assim, o valor do dito ópio lhe escapa.

Mas que ópio é esse, que grassa nas peladas, nos clubes e nos estádios, propiciando vigor e alegria; que potencializa a ação?, perguntaria interessado o toxicômano mais entendido. O único que é efetivamente "justo, sutil e poderoso", como só o do poeta, o ópio de Baudelaire.

Justo, porque a qualquer um é dado assistir ou jogar e as regras são as mesmas para todos. Se, nas primeiras décadas do século XX, a maioria dos clubes recusava ao negro a camisa e só o admitia como empregado para "evitar a mistura"; se, em 1950, ele foi o bode expiatório da nação; se, em 1958, na formação da equipe que disputaria a Copa do Mundo, ainda predominava a ideia do time mais branco possível; hoje, não se discrimina o jogador por ser negro. Justo, o futebol é. Poderoso, indubitavelmente — ele produz e reproduz os semideuses nacionais. Diamante Negro capaz de pedalar no ar e assim marcar o gol de bicicleta, Garrincha dos dribles inimagináveis e o inacreditável Pelé.

Nem por isso o futebol foi devidamente valorizado pelas elites brasileiras. O rebento acaso havia entrado em campo?, perguntava inquisitorialmente a nossa mãe burguesa no começo do século. A inclusão de um jogo no programa oficial da visita de Elizabeth II ao Brasil, em 1968, foi extremamente discutida, embora Sua Majestade fosse madrinha da Foot Ball Association of England. O futebol, sendo popular, não era programa de rainha. Ia lá ela se misturar? Ora, a bola, o samba, "essa coisa mais de pobre" — e era o ex-ministro da Cultura, Celso Furtado, declarando que a identidade brota das raízes populares, mas está na classe média o *locus* privilegiado da criação,[29] negando portanto ao povo o que é deste, independentemente de qualquer ministério: a cultura mais fecunda do Brasil.

"Deixa falar", diria o samba. O Brasil não é "o país do futuro" nem a eterna promessa não realizada de si mesmo. Precisamente porque não cessa de se recriar, ele escapa a quem mora sem viver nele, sem ver nem escutar e, assim, considera que o trópico é monótono e triste.

Que o ministro fale e que se considere. Nesse meio tempo, o samba toca e a bola rola. Só o que não pode é o brasileiro deixar de se expressar através do futebol e do Carnaval, manifestações, aliás, indissociáveis. O juiz apita a vitória e é a bola que cede lugar às cuícas e aos pandeiros, o torcedor que vai do estádio para a avenida dançar, é o compositor que recria o samba carnavalesco, produzindo um outro de futebol. 1953, a música mais cantada pelos foliões era *Cachaça* e o refrão, simplesmente:

> *Você pensa que cachaça é água?*
> *Cachaça não é água não.*
> *Cachaça vem do alambique.*
> *E água vem do ribeirão.*

Marinósio Filho, Mirabeau
Pinheiro, L. Castro e
H. Lobato, 1953

O Flamengo se tornando campeão carioca, o refrão passou a ser cantado assim:

> *Você pensa que o Flamengo é sopa?*
> *O Flamengo não é sopa não.*

O Mengo deu de três a zero.
O Mengo já é campeão.

O Carnaval, por lei, é uma vez só por ano; mas, a partir do futebol, a qualquer momento pode se instaurar, tomando as praças e ruas. A vitória da bola é a dos pandeiros, tamborins e reco-recos, porque são dois rituais da mesma ordem, celebrações de um só e mesmo estilo que se realiza através do corpo, promovendo a superação da condição biológica, valorizando o jogo de cintura e o faz de conta, propiciando o riso. São dois cultos presididos pela magia, seja ela a do lance impossível — finta, passe ou gol —, seja a da transfiguração carnavalesca. São dois teatros em que nos exibimos, zombando da sisudez, recriando a identidade na brincadeira — ora dessacralizando o *football* pela ginga maneira do futebol, ora subvertendo o imaginário pelos enredos, alegorias e fantasias. Os elefantes são da Índia? Na avenida, serão da Terra do Pau-Brasil, diz o carnavalesco da escola de samba, acrescentando que os portugueses aqui buscavam as Índias do Ocidente. Verdade que a vestal não rebolava, considera ele, mas a mulata se desanca, e a nova vestal, sendo brasileira, gingará. Luís XIV não usava cocar? Que o dele então seja só de rendas, resolve o nosso carnavalesco.

Garrincha, Alegria do Povo, o jogador que mais incitava a rir, viveu para brincar. De tanto caçar "garrinchas" — "só de molecagem", como gostava de dizer —, foi chamado Garrincha, e era como um bicho que ele corria no campo de futebol, ziguezagueando, fugindo ao atacar, servindo-se da partida para fazer valer a simulação.

Garrincha subvertia o jogo privilegiando a brincadeira. Alguns meses antes da Copa de 1958, na partida contra a Fiorentina (Itália), o Brasil ganhava de 3 a 0 e a monotonia ameaçava esvaziar a torcida. O artista parte para os dribles em qualquer direção. Ataque, volta ao campo brasileiro, novo ataque, driblando quatro adversários e desnorteando os jogadores todos. O goleiro deixa o gol aberto. Garrincha acaso marca? Só tendo esperado serenamente a aproximação do beque para nele aplicar mais um driblezinho.

O homem brincava dentro e fora do campo. 1958, Suécia, o Brasil é campeão da Copa. O choro toma conta dos jogadores, craques e dirigentes. Garrincha só ri, zombando entoa:

Encosta tua cabecinha no meu ombro e chora.

Paulo Borges, 1953

O time recebe do rei Gustavo a Taça Jules Rimet. Isso, para Garrincha, é o de menos: "… campeonato mixuruco esse, nem returno tem…". Importava-lhe mais o jogo do que a vitória e o sucesso. 1962, já bicampeão, ele é o último jogador a deixar o Estádio Nacional de Santiago, mas, para o locutor chileno que pede uma entrevista, não há tempo. *"Al micrófono para sus despedidas"*, diz ao jogador, e lá vai ele se despedir assim:

— *Adeus, micrófono!*

Garrincha não se tornou um ídolo nacional por acaso. À semelhança do Saci Pererê — herói lendário de uma perna só, que cruzava as duas quando assim bem entendia —, o jogador com suas pernas tortas aprontava o inimaginável, fazia e acontecia contra todas as expectativas, tomando sistematicamente o adversário de surpresa. Ou porque ignorasse o seu nome, chamando-o de João, ou porque, aplicando sempre o mesmo tipo de drible, desse a entender que o passe seria diferente. Ou, ainda, por se valer do outro simplesmente para brincar, como em 1962, driblando quatro vezes o mesmo homem, o checoslovaco Popluhár.

Mané Garrincha foi uma das expressões mais felizes da cultura ladina do brincar que, fazendo valer a ambivalência, incita a rir e a todos agrada, inclusive à elite, cujo ideal de cultura no entanto é outro — não respeita o futebol nem o Carnaval, porque só dá valor aos gêneros consagrados pelo resto do Ocidente. A exemplo, a recusa, no contexto do ano França-Brasil (1987), da festa típica solicitada pelos franceses, pois não era através "disso" — o futebol e o Carnaval — que o governo queria nos projetar.

O que é autenticamente brasileiro não serve, a ponto de resistirmos à demanda, alegando xenofobicamente que o europeu só quer nos folclorizar. O nosso governo acreditasse que a cultura do samba não é folclórica, teria se valido do ano França-Brasil para dar a esta cultura mais um cenário. Mas o samba, que só desabrochou na clandestinidade, abrigado nos terreiros e incentivado pelas baianas, continua não merecendo o devido apreço. Seria por algum complexo de inferioridade racial?, porque a batucada, coisa de mestiço, não é digna do salão?

O fato é que, mesmo na exposição de arte popular brasileira em 1987 no Grand Palais, o Carnaval foi apresentado como uma expressão menor — três fantasias no canto de uma sala, alguma serpentina e um pouco de confete. O ponto de vista do organizador brasileiro não é o de quem atina para a nossa festa momesca como integrante de uma tradição que atravessa o espaço e o tempo. Sistemática a oposição da elite política às produções espontâneas do povo, porque o Brasil dominante se sabe sitiado por outros brasis de memórias africanas e índias; pelo Braaasilll, que faz pouco da história oficial, narrando a história através da teogonia tupi ou fazendo a sátira dos políticos assim:

Lá vem o cordão dos puxa-sacos
Dando vivas aos seus maiorais
Quem está na frente é passado para trás...
E o cordão dos puxa-sacos cada vez aumenta mais
Vossa Excelência, Vossa Eminência,
Quanta reverência
Nos cordões eleitorais,
Mas se o doutor cai do galho e vai ao chão
A turma toda "evolui" de opinião.

Eratóstenes Frazão e
Roberto Martins, 1946

A elite fez tão pouco do carnavalesco — por ela considerado um artista menor — quanto do jogador de futebol, de quem sempre exigiu que se limitasse a treinar, se concentrar, obedecer como cego a cartolas, técnicos e juízes, viajar doidamente, comparecer ao local do jogo, mesmo contundido. 1958, depois da Copa, a Seleção jogou 16 partidas em 16 cidades diferentes de nove países em um mês e três dias, submetendo-se a roteiros absurdos. Liège (Bélgica), Viena (Áustria) e, no dia seguinte, Bruxelas (Bélgica de novo) — que, de ônibus, fica a duas horas de Liège. Ou Madri, Roterdã e Sevilha, tendo feito de Madri a Roterdã de trem (36 horas) e de Roterdã a Sevilha, tão mais perto de Madri, de avião, passando por Lisboa.

1960, Pelé, por conta do Santos Futebol Clube e das seleções paulista e brasileira, teve de jogar 116 partidas. Nessa época, nunca conseguia ficar engessado o tempo necessário para se restabelecer. Chegou a entrar em campo com o tornozelo inflamado, contusão na planta do pé direito, frieiras e calos infectados em quase todos os dedos, tendo de acolchoar as chuteiras com palmilhas de espuma e pôr nos entrededos pequenas almofadas para proteger os calos e atenuar a comichão das frieiras. Precisou mesmo correr o risco de uremia para que Jânio Quadros, então presidente da República, decretasse férias obrigatórias para os jogadores todos e os interditasse de jogar duas partidas com menos de 72 horas entre elas. Ainda na década de 1980, havia futebolista que terminava na sarjeta ou numa enfermaria de indigentes — laranja de que se extraía o suco e se atirava o bagaço fora.

O jogador brasileiro é de todos o que fica menos tempo em atividade, e talvez não haja na história do futebol crueldade maior do que a praticada contra Garrincha, reconhecido no exterior após o bicampeonato (1962) como o melhor ponta-direita do mundo. 1963, o joelho do campeão começa a falhar, a cada partida incha e dói. Interessado na bilheteria, o Botafogo se recusa a interná-lo para operar e o induz a aceitar o "joelho aplicado" — infiltração de analgésico antes do jogo e punção da água que se formava em torno da rótula. No mesmo ano, a Juventus (Itália) oferece 700 mil dólares ao Botafogo e 60 milhões de cruzeiros ao jogador pelo passe, comprometendo-se a tratá-lo. O clube não aceita a proposta e nega a Garrincha os 18 milhões de cruzeiros requeridos para renovar o contrato. Em 1966, vende-o ao Corinthians quase de graça.

O brincar, que fazia do jogador um herói, fez-lhe a desgraça; foi amado e gratificado, odiado e punido pelo mesmo motivo. Atrás dos vários atos criminosos contra o joelho, havia na verdade uma oposição à irreverência de quem fez pouco dos cartolas e técnicos, de suas tantas regras disciplinares.

De salvador da pátria, Garrincha passou à condição de bode expiatório. O Braaasilll chamou-o de Alegria; o outro o condenou a uma tristeza mortífera, acabando com ele. Por isso mesmo, nenhum membro da CBF (Confederação Brasileira de Futebol) ou da LBA (Legião Brasileira de Assistência) esteve na clínica onde faleceu o homem que era e continua a ser um herói nacional. Teria ele de fato existido?

O das pernas mais tortas e mais capazes de driblar, o atleta que divertia como o palhaço e, como o encantador, siderava um, dois, três adversários?

Justiça seja feita ao nosso ópio. A elite dizia que o futebol empobrecia o Brasil, mas era o seu Brasil que empobrecia o futebol. O país supostamente rico, na realidade, não o era; faltava-lhe a mentalidade que permitiria entesourar e capitalizar adequadamente os nossos recursos humanos e outros. Por isso mesmo, aliás, ele era e é xenófobo — se indispõe contra o estrangeiro que ele inveja e, reativamente, se torna nacionalista, embora despreze o que é nacional. Diversa a conduta do povo, que assimila o outro, deixando-se moldar, trazendo para a avenida o Japão, a China ou a Índia, carnavalizando-se e se transfigurando no mesmo ato. O outro sou eu mesmo, diria o carnavalesco, amando-se pela devoração, sendo avesso à xenofobia.

Isso no futebol também é patente. Copa de 1986, Brasil x França, quarta de final. O vencedor jogaria, pois, a semifinal. O Brasil marca o primeiro gol e sai na frente, esperançoso. Com Platini, a França empata. Em vez de lamentar o fato, o locutor, surpreendido pela jogada do francês, grita, eufórico: "Gooool, gol do nosso Platini." A França acabava de nos tirar a vantagem, mas, pelo seu desempenho, nos reconhecíamos nela; fazíamos de um estrangeiro um conterrâneo e, assim, nos situávamos acima das nacionalidades. Platini é nosso como é do samba a francesa descalça que mais sabe gingar, Brigitte Bardot:

BB BB BB,
Por que é que todo mundo
Olha tanto pra você?
Será pelo pé? Não é!
Será o nariz? Não é! OK
Será o tornozelo? Não é!

Será o cotovelo? Não é!
Você que é boa e que é mulher,
Me diga então por que é que é?

Miguel Gustavo, 1961

Brigitte Brasileira pela ginga, mas ainda porque o enigma da feminilidade é universal. Isso não escapa à cultura do brincar, que deixa entrar a estrangeira para, sambando, agir sobre ela e a reexportar. Bardot então não poderia ser o tema do enredo carnavalesco de uma das escolas de samba que desfilam na Marquês de Sapucaí? Aí, tudo pode, que o brincar só é sério não sendo sisudo.

O PAÍS DA BOLA

M as o que faz do *football* o futebol? A paixão do brincar, que faz da bola um brinquedo, menos o objeto através do qual se realiza o gol do que a coisa nossa, dignificada pelo país inteiro, que bem pode ser dito o país da bola. O menino brasileiro, antes de jogar, brinca de bola e o jogador rememora em campo a sua existência de menino, mais tendendo a valorizar o jogo do que o resultado. Nenhuma prova melhor que a fidelidade da torcida do Corinthians, o clube mais amado de São Paulo. Vinte e dois anos (1955-1977) torcendo por um time incapaz de uma só vitória em campeonatos relevantes! "Campeão ou não, tu és minha paixão", reza o dístico do time.

O jogo sendo para nós um fim, o futebol brasileiro não é afeito à violência, embora possa se exercer nela. Pelé preferiu mostrar que mais dói um bom drible do que um chute na canela. Jogo do seu time, o Santos, contra uma equipe francesa no Parc des Princes. Basta que o Rei apareça na área para um dos beques meter-lhe o pé, chutar indiscriminadamente canela, barriga da perna etc. Até quando? Súbito, Pelé parte para a área e aplica no outro uma série desmoralizante de dribles; faz assim valer a moral do Jogo, que exige o jogo para se ganhar.

O espírito do Rei é o mesmo no Chile. Copa de 1962, Brasil x Checoslováquia. Tendo sofrido uma grave distensão muscular, Pelé anda no campo como algemado pelos tornozelos, dá passos miúdos. A bola vai morrer a seus pés, rente à linha lateral, e ele, evitando a dor, só dá um toque. A bola mal rola. O checo Masopust, que chegava na corrida, para atônito diante do Rei e mais ninguém se move. Vinte e dois jogadores estáticos, o estádio em absoluto silêncio. Zito enfim desperta: "Dá de calcanhar, Pelé!". Impossível. O craque está vencido. Masopust só olha respeitosamente para o corpo ferido do outro. Pode sair com a bola ou chutar fora, fingir que a quer, forçando o adversário a reagir. Omite-se, deixando Pelé escolher o desfecho do lance: pôr singelamente só com o biquinho da chuteira a bola fora,[30] ser assim tão digno da elegância de Masopust quanto da moral do futebol.

O futebol de um Leônidas da Silva, Mané Garrincha ou Pelé jamais se disporia a ganhar a qualquer preço; se reconhece inteiramente na palavra *fair play*, que uma certa torcida inglesa, a dos Hooligans, só fez conspurcar. Pode-se esquecer Heysel, a tragédia de 1985 no estádio belga? Trinta e nove pessoas mortas e quatrocentas feridas na briga dos Hooligans contra os italianos! Uma tragédia que fez o presidente da Associação de Futebol da União Europeia (Uefa) declarar que "antes mesmo de pensar no aspecto esportivo do evento, é necessário se preocupar com o esquadrinhamento policial da cidade".[31]

Ganhar por ganhar, apesar de certos desvios, não pode entre nós ser a meta do jogo, porque o nosso futebol se quer uma arte. Daí ter sido espontaneamente assimilado à tauromaquia no jogo do Botafogo carioca contra o argentino River Plate no México. A cada drible de Garrincha o Oooo-lé ou o trecho da ópera Carmen tocado na abertura das touradas.

Arte efêmera do corpo realizando-se em função dos passes e dos gols, desdobrando-se mediante uma coreografia que até faz esquecer a competição. O nosso jogador então não chega a procurar o adversário para mais uma fintazinha? Garrincha ficava mesmo na frente do goleiro, esperando que este abrisse as pernas para passar a bola entre elas, só assim marcar o gol. De tudo brasileiro inventa, por obedecer aos imperativos do brincar, ter sido escolado na invenção. Se não temos dinheiro, produzimos com uma lata velha o nosso pandeiro. O Braaasilll improvisa e, por isso inclusive, não cessa de se recriar. Sua renovação incessante é patente nas alegorias e fantasias das escolas de samba, todo ano inteiramente novas e descartadas na Quarta-Feira de Cinzas.

O futebol não cessou de recriar o *football*. Do *drible*, nós fizemos os vários dribles de enganar, horizontais, mas também oblíquos e verticais. Do *goal*, com Leônidas da Silva pedalando no ar, o gol de bicicleta; com Didi, a folha-seca; com Garrincha, driblando defesas inteiras, o gol dos meninos; com Pelé, capengando de mentira no campo e surgindo repentinamente na pequena área, o gol dos sonsos.

O menino brasileiro se forma criando o seu jogo nas praias ou nas peladas. À diferença do inglês, por exemplo, que aprende através do livro os chutes possíveis, o nosso menino ignora até a existência desse tipo de literatura, aprende brincando de bola, inventando primeiro o jogo e investigando, através das jogadas, as suas possibilidades; ele é incitado a proceder segundo o seu estilo e já por isso é um artista em potencial.

O brasileiro tende a fazer pouco das soluções previstas. Certo técnico, desejando aproveitar melhor as qualidades excepcionais de Garrincha, propôs que ele treinasse receber a bola pela extrema e, sem driblar, como fazia de hábito, centrasse sobre a área, colocando a pelota nas costas do zagueiro central. Comunicou claramente o lance a Garrincha, pôs no lugar de seu hipotético marcador uma cadeira e, no assento desta, o pé. Mané recebeu a bola, deu um leve toque, driblou a cadeira surpreendendo o técnico e só então partiu para o centro — fez valer o imprevisível como jogada.

Garrincha surpreendia invariavelmente o adversário. Vejamos o seu lance habitual em câmara lenta. O primeiro movimento diante do beque que o espera, decidido a barrar, é o de parar a bola e ficar na moita, penso para um lado por causa das pernas desiguais — no seu normal, mas em desequilíbrio aparente. Enganado pela postura de Garrincha, o beque imagina o chute e lança a perna para o lado errado. Nesse momento, Garrincha rapidamente se ergue e vence o obstáculo.

Magia? A câmara lenta revela os atos sucessivos, o truque, não. Um só e mesmo drible e o adversário que cai sempre na mesma esparrela. O que se passa com ele, enquanto o driblador espera parado? O homem, que está para impedir o chute e cuja ideia fixa é essa, topa no corpo imóvel de Garrincha, que ele olha sem ver, pois só enxerga no sujeito torto, o desequilibrado, imaginando-o idêntico a si. Já o eterno driblador sabe da diferença do adversário, que ele desbanca, valendo-se do defeito para desorientar, das pernas tortas para impor sua particularidade. Só topa a luta proposta sem entrar no jogo do marcador, que não prevê a desnorteante parada; em suma, o nosso herói faz de conta e, brincando, fura a barreira.

Garrincha foi mágico, foi toureiro e foi palhaço, porque o futebol do brincar, como o Carnaval, promove essas transfigurações. Quem brinca se diferencia, se recria, pode ser isso e mais aquilo. Ano passado tirolesa, este ano fantasiada de mexicana e no próximo, de grega ou egípcia. Por que não?

Que se reinvente, manda a cultura que produziu Garrincha e nos deu Pelé, suas mil e uma jogadas. A bola está entre os seus pés? Qual dos dois ele vai usar? Sai a pelota pela esquerda ou pela direita, para a frente, para trás ou para o alto? O marcador corre de um para outro lado, se arruma, se desarruma, não pode prever. Já a torcida arregala os olhos para ver o mistério se desvendar, sair a pelota pegando todos de surpresa, com a marca registrada de quem nunca se repete e, "se não tivesse nascido gente, teria nascido bola".[32] Mas Pelé era gente e parecia ser o complemento perfeito dela. "No amortecimento, no desvio ou nos dribles, mais parecia um corpo imantado, a bola não desgrudava..."[33]

A bola, entre nós, é ser especialíssimo, ser vivo, e é por isso que podemos fazer dela objeto de uma doce matada no peito. "Ela é dotada de espírito", disse-me um torcedor. "A qualquer impulso ela responde. Se bato de lado, ela gira. Se chuto forte, ela faz uma curva no ar", explicou-me ainda.[34] Interlocutor e interpretante, a bola, como o analista, reenvia ao jogador a sua mensagem com o sentido invertido, porém, como a amada, exige provas de amor e pode mesmo incitar a atos loucos. Tanto é assim que, na Copa de 1958, o chefe da delegação brasileira exigiu do massagista que ele roubasse a bola da vitória — missão quase tão impossível quanto raptar o rei Gustavo no estádio de Estocolmo, mas que foi rigorosamente cumprida. O apito mal soou o fim do jogo, o grito de gol se fazia ainda ouvir, e o massagista já estava em campo driblando os representantes da lei, o juiz e os policiais, até levar consigo a preciosa "menina". Um ato louco de amor.[35]

A bola exige do jogador que tenha intimidade com ela, chame-a de você e não de Vossa Excelência, ouvi do mesmo torcedor. O craque a "acaricia", a domina com técnica e nunca a "maltrata", jogando sem classe. O bom goleiro "abraça" a menina, trazendo-a para junto do corpo. Na dualidade da carícia e da sevícia pulsa a bola entre nós, ora sendo a noiva — pois que chamamos de véu de noiva a rede — ora podendo ser tratada de vagabunda. A bola, como a mulher, se alinha junto à mãe ou do lado da prostituta.

Da pelota, o brasileiro fala valendo-se dos dois termos usados para a transa sexual: brincar e comer. Brinca com sua amada e com a bola. Come as duas se puder, dizendo que "come bola" se não tiver o domínio do jogo.

Tudo para a pelota, que muito se faz cortejar nas praias, nas peladas e nos clubes, onde vemos o menino esquecer-se de si mesmo parando a bola no peito do pé, mexendo-o para cima e para baixo sem a deixar cair, alisando assim a "menina", exercitando-se na embaixada — para a qual, aliás, também se serve da coxa, do ombro ou da cabeça.

Absoluto é o poder dessa nossa bola, como o da dama no amor cortês. Uma e outra requerem constância e fidelidade. Que de dia com a bola se converse e de noite se durma –– interlocutora privilegiada e embalo do sono. O jogador deve, pois, satisfazer àquelas exigências, além de se mostrar capaz de não sobrepor a vitória ao desempenho. A bola exige que marquemos o gol sem esquecer de com ela jogar, como aliás a dama exigia do cavalheiro que adiasse a penetração e aceitasse os imperativos do seu gozo. O passe deve ser artístico como uma trova, porque o brincar requer a sublimação da meta. O jogador que mais nos satisfaz é artista, como era poeta o cavalheiro aos pés da sua dama.

Bem merece a bola entre nós ser reverenciada! No país dela, bem ou mal, a democracia racial se impôs. O tempo em que precisava o futebolista negro passar goma-arábica no cabelo e pó de arroz no rosto já vai longe. Do país da bola saíram homens que o mundo homenageou e foram a nossa glória: Leônidas da Silva, Mané Garrincha, Pelé...

Sem nenhum ufanismo, podemos dizer:

— *Viva o Braaasilll!*

A PRIMEIRA-DAMA

Que trova é essa nossa, que arte é a do futebol? Os italianos são excessivamente realistas, preferem ganhar de 1 a 0 a vencer por 5 a 4, ouvi um jornalista esportivo dizer, acrescentando que o brasileiro já exige a goleada e o nosso futebol é surreal.[36] Verdade, porque, além do imprevisto, o jogo coloca em cena o inimaginável.

Quem poderia imaginar um jogador que tivesse uma perna mais curta do que a outra, as duas tortas e, ainda assim, se tornasse bicampeão mundial? Mais ainda, que preferisse brincar a marcar o gol? Garrincha não deixou por menos. Já não havia dado dois gols ao Botafogo, que ganhava do Vasco de 2 a 0? De repente, no finzinho do jogo, apanha a bola no meio do campo, dribla Coronel, Orlando, Bellini, Paulinho — quatro de enfiada —, dribla o goleiro e, na hora de marcar, volta fazendo embaixada com a bola. O nosso herói, para vencer verdadeiramente, precisa brincar. O que ele rememora, desqualificando a vitória pela vitória, é o sentido lúdico do futebol, e é então a bola que, não sendo mero instrumento, se torna poética, o jogo que mais parece irreal.

Garrincha nega à bola a função do gol, dotando-a de um sentido excepcional e efêmero. Procede exatamente como o surrealista que pinta o pão no céu da sua paisagem, onde ele não se presta a ser comido e o espectador o vê como objeto estético. Num caso e no outro, pela recusa da função, se conquista para o objeto uma nova identidade. Ali e aqui, o humor preside a ação contra a sisudez das expectativas costumeiras, das identidades concebidas; ele torna a realidade desnorteante e faz entrever a surrealidade.

Tão surreal Garrincha quanto Pelé! Não bastava matar no peito e fulminar o arqueiro sueco na Copa de 1958. Antes do gol, Pelé arranja um lençol no beque mais próximo. E, não tivesse ele com quem fazer a sua tabelinha, servia-se da perna do adversário para que rebatesse a bola!

O futebol brasileiro, para ser, prodigaliza maravilhas. Como, aliás, o Carnaval, que se proclama a *Oitava maravilha do mundo* (Beija-Flor, 1981) ou nos representa como *Tropicália maravilha* (Mocidade Independente, 1980). Trata-se sempre da reatualização da mesma fantasia originária do Descobrimento, a de que na *Terra degli Papagá* estava o próprio sítio do Paraíso Terrestre, com sua fauna e flora que "o universo todo não vio", suas entidades misteriosas — cinocéfalos, monoculi, homens caudatos, sereias, amazonas — seus reinos áureos e argênteos e a fonte de Juventa propiciando a juventude eterna.[37] O Braaasilll, seja ele do futebol ou do Carnaval, é indissociável do mito que fez os descobridores e que nós, de formas diversas, recolocamos em cena, produzindo repetidamente o impossível.

Nós esperamos do futebol que ele transcenda os limites do real, queremos do jogador que ele seja capaz de desmentir a própria lei da gravidade. Isso é patente na lenda sobre certo goleiro nordestino que teria evitado o gol de Leônidas, sulista famoso, voando para o canto direito da trave, encaixando a bola, dando dois saltos-mortais e terminando em cima do travessão, enquanto o público maravilhado aplaudia. Queremos, pois, desafiar a natureza, como Diamante Negro, que ficava na horizontal para executar a sua série de tesouras e marcar de costas o gol de bicicleta; como o goleiro Gilmar das defesas sobre-humanas, São Gilmar, que voava numa trajetória parabólica e costumava ser chamado Girafa.

O Braaasilll faz pouco dos limites biológicos ou fisiológicos. E o Carnaval, então, que chega a fazer do defeito físico uma qualidade e se vale dele para driblar o medo, levar às ruas seres anômalos, superando o horror através do humor? Quanto ao corpo fisiológico, Momo desconhece as suas urgências. Alguém acaso para de brincar porque é hora de comer ou de dormir? O samba não tem hora, embora tenha duração. Toda hora é hora de brincar. O mesmo vale para o futebol. Garrincha não disputou com febre o último jogo da Copa de 1962? "Nessa eu entrava nem que fosse de maca", declarou ele depois da vitória. Pelé cortou várias vezes o gesso antes do prazo para entrar em campo.

Mais que homem deve ser o jogador para confirmar a crença na magia, que a todo jogo nos faz invocar as forças sobrenaturais. Desde que o futebol passou da chácara rica para a várzea, ele se tornou inseparável do misticismo. À véspera de cada grande jogo vemos nas encruzilhadas os despachos — para ter sorte ou ensejando azar ao adversário. Nos vestiários, os santos recebem oferendas em troca da vitória. Momentos antes do jogo, realizam-se as correntes. De mãos dadas, todos oram pelo sucesso.

Há misticismo e superstição. O chefe da delegação brasileira na Copa de 58 só usou marrom durante o torneio. Se a cor dava certo, era usar e abusar. Em 1962, repetiu o terno marrom durante toda a disputa da Copa. E voltou com o Brasil bicampeão do mundo. Tamanha é a crendice que certos números são considerados protetores e é preciso levar em conta a idiossincrasia de cada um na distribuição das camisas. Gilmar que o diga: "Todo jogo eu precisava pôr a 13 por baixo, senão dava uruca. Acontece que no último jogo da Copa (1958) não se achava a camisa 13. Desespero na delegação. Pegamos a 3 e, com esparadrapo mesmo, fizemos o 1 na frente. Só daí eu fui jogar."[38]

De superstição e água benta também é feito o futebol brasileiro, cerimônia em que nos espelhamos, vendo-nos como artistas e torcendo como iguais; em que perdendo ou ganhando nos certificamos de ser um povo e pertencer a uma mesma nação. Quem fechou portas e janelas para chorar a derrota de 1950 sabia-se tão arrasado quanto a maioria dos outros conterrâneos: era a tristeza que então imperava. Quem, por outro lado, saiu às ruas para comemorar a vitória nas Copas também celebrava a nacionalidade, queria ainda mais ser brasileiro.

O futebol descortina a cena extraordinária na qual queremos estar projetados e a realidade se transfigura como por magia. Já não somos um país dividido e vivemos para e pela nossa arte, superamo-nos mediante este passe, tal finta ou gol, perguntando surpreendidos se não seria irreal. O rito da bola nos transporta, fazendo crer que o impossível se tornou possível. Por que não nos deixarmos inspirar por ele, tomando-o mesmo como exemplo?

O jogador é o nosso super-homem, prodigaliza através da sua coreografia as maravilhas que desejamos e faz valer também no *football* a dança, se não as origens africanas e tupi-guaranis. O negro, para viver, dança. Quanto ao nosso índio, era a Terra sem Mal que ele migrando buscava, terra de seres imortais, onde a vida era só dançar.

O futebol se faz insistindo no brincar — equivalente brasileiro do *humour* inglês — oferecendo magicamente a beleza de que só a arte é capaz.

Sendo futebol de verdade, o jogo sabe do humor e, assim, só acata a regra deixando vigorar o espírito de insubmissão, surpreendendo repetidamente. Jogar, entre nós, não é só disputar. O brincar faz pouco do realismo cotidiano, requer do real que ele seja fantástico.

Alegria do Povo nos levava para onde nem sequer podíamos imaginar, fazia-nos sonhar acordados e, como um mago, deixava-nos boquiabertos, sem saber qual teria sido o seu truque. Com ele, migrávamos para o país encantado da bola, nos apartávamos do nosso cotidiano. Sonho Meu também poderíamos ter chamado Mané Garrincha, que sabia fazer do sério objeto de riso, sátira. Brincando, ele conquistava o gol, fazia o Braaasilll e o mundo se alegrar.

Mané era um. Pelé diferia, mas, como aquele, chegava ao gol por mares nunca dantes navegados, sendo súbito, rápido, ou tão lerdo que já ninguém mais esperava o chute fulminante. O Rei emplacava, exercitando-se de todas as maneiras na arte de ser imprevisível.

A bola entre nós é uma grande dama, a primeira. Seus embaixadores são os nossos ídolos e a estes queremos todos nos igualar:

Sou Rivelino, a lâmina do nome
Cobrando, fina, a falta
Sou Clodoaldo rima de Everaldo

Sou Brito e sua viva cabeçada
Com Gérson e Piazza me acrescento
de forças novas. Com orgulho certo
me faço capitão Carlos Alberto
Félix, defendo e abarco
em meu abraço a bola e salvo o arco.[39]

Carlos Drummond de Andrade, 1970

O BRAAASILLL

Quando não é o jogo que conta, mas a vitória a qualquer preço, nós, brasileiros, não nos reconhecemos nela. Somos contrários ao futebol em que o técnico determina previamente as jogadas, cerceando a liberdade do jogador. Queremos a invenção e o risco implícito. O sucesso de uma equipe que entra em campo só para não perder pode até ser comemorado — como no tetracampeonato (EUA, 1994) —, mas não nos satisfaz.

A ideia de que é o técnico, e não o jogador, quem sabe do jogo não é aceita no Brasil. Para nós, sabe aquele que faz, porque as nossas referências são Diamante Negro, Alegria do Povo, o Rei... e nenhum deles se deixaria desautorizar pelo técnico.

A imposição de um comportamento preestabelecido contraria a tradição brasileira, que valoriza a intuição criadora do jogador. Consequentemente, menosprezamos o futebol em que há uma solução para cada constelação de campo e homens programados como máquinas reagindo como autômatos. Isso não significa que descartemos a possibilidade de combinar a jogada antes da disputa. A maioria dos gols de 58 e 62 foi produto de lances estabelecidos pelos jogadores. Garrincha driblava dois ou três, ia à linha de fundo e cruzava na frente do gol para o companheiro finalizar. Tratava-se de uma jogada premeditada, resultante de uma invenção anterior — das tantas peladas em que ele, brincando, treinava.

O que se requer no Brasil é o treino da improvisação, o desenvolvimento das possibilidades criativas da cultura fecunda do brincar. Se o nosso jogador, cujo talento é excepcional, puder treinar e jogar em boas condições físicas, a bola com ele desaparece no meio do campo até reaparecer no gol.

Os nossos êxitos, aliás, foram conquistados, apesar de uma péssima organização esportiva, graças à competência dos craques que proliferam por causa de certas condições favoráveis. A primeira delas é o clima, que permite praticar de janeiro a dezembro. A segunda é a paixão pelo jogo. O futebol, entre nós, não ocupa apenas um lugar de destaque — a maioria dos homens se exercita nele. Do ponto de vista da torcida, somos o país que mais público acolhe no estádio. O Maracanã do projeto original abrigava 155 mil pessoas, enquanto o Hampden Park, na Escócia, ou o Lênin, em Moscou, apenas 120 mil.

O treino não era regular no Brasil e as peladas, nas quais o menino brasileiro se formava, agora estão disputando espaço com as escolinhas pagas de futebol. O que mais há no país é terra — mais de 8 milhões de quilômetros quadrados —, só que, por "falta de espaço", já minguaram campos nas grandes capitais. Londres tem 15 mil campos de futebol, rúgbi e críquete. Na Dinamarca, menor que o estado do Rio Grande do Norte, há mais de mil campos de futebol só em Copenhague. Mas ainda é nosso o maior campeonato de pelada do mundo: o Peladão, que ajudou a colocar Manaus entre os estádios participantes da Copa de 2014.

O talento obviamente não dispensa o treino. Quem leu a biografia de Pelé sabe quanta bola, de meia ou borracha, rolou nas peladas de Bauru antes que fosse escalado para o Santos Futebol Clube. Precisamos compensar a compleição física do europeu pelo treino da improvisação.

A jogada que nos favorece é a que requer malícia e só nos prejudicamos ao esquecer isso. Assim, por exemplo, quando a instituição futebolística substituiu, depois do tricampeonato (México 1970), o lance característico do ponta avançando pela lateral e cruzando em diagonal — desenvolvimento que depende sobretudo de astúcia — pela tática de jogadas em zigue-zague, que nos obrigava a jogar pelo meio e pelo alto, e, por uma simples questão de estatura, privilegiava o europeu, nós nos sabotamos, jogando como os outros.

Naquela época, menosprezamos os nossos próprios recursos por idealizar os alheios. Importamos técnicas europeias precisamente quando a Europa começava a nos imitar, associando à velocidade o rodízio de posições, que nós há muito fazíamos espontaneamente. Garrincha, em 1962, era ponta e marcava o gol pelo meio do campo. 1970, Pelé, Tostão ou Rivelino não tinham posição fixa.

Copiávamos países onde éramos tomados como exemplo. O paradoxo, aliás, é típico. Antes de ir para os Estados Unidos, Carmen Miranda era vista no Brasil como a falsa baiana. A crítica temia que ela nos representasse como macaquitos. Carmen não tivesse se tornado a *Brazilian bombshell* e lançado a sua moda nas vitrines nova-iorquinas, não teríamos adotado o seu estilo. Ela precisou do cenário que Hollywood soube lhe oferecer para que o Carnaval brasileiro passasse a importar a sua imagem.

Certo estava Joãozinho Trinta, dizendo que o Brasil oficial não pulsa na batida do Braaasilll,[40] e bem fez Pelé ao assumir o Ministério dos Esportes (1995-1998), alegando que o Brasil precisa de uma nova ética. O Braaasilll pode e deve servir de exemplo ao país oficial, tanto porque faz valer a lei quanto pela sua comprovada eficiência.

Quando se perguntou ao carnavalesco Joãozinho Trinta se desejava ser presidente da República, ele respondeu negativamente, explicando que nada é mais eficaz no país do que o Carnaval ou o futebol. A isso acrescentou que, bem ou mal, na data marcada, as escolas de samba com seus carros alegóricos, suas alas, seus destaques e sua bateria estariam na avenida para desfilar e assim dar o seu recado.

A farândola imaginária, que reuniria Garrincha, Pelé, Joãozinho Trinta, Chico Buarque, Carmen Miranda, Glauber Rocha, Jorge Amado e Gilberto Freyre, bem representa o Braaasilll e faz com ele sonhar.

Quem se esquece do futebolista que era mágico e era palhaço e, noutra encarnação, talvez tivesse sido um grande toreador? Mané Garrincha, qual Carlitos, é inesquecível. Pelé, tendo acontecido, mais parece um ser imaginário, nem da terra propriamente e nem do ar, um ser da bola e, com toda a seriedade, do brincar. Quem disse que não está no pé a cabeça e não pode a cabeça chutar?, perguntaria ele, zombando de quem não acredita no impossível e assim não sabe do Braaasilll. Preto retinto e, como Leônidas da Silva, poderia Diamante Negro se chamar esse artista que, pela magia, mereceu a coroa, além dos troféus. Brasil?, pergunta o asiático, o europeu ou o americano, para logo responder Pelé e associar este à bola. Vergonha, diz o país oficial, que devia antes se envergonhar de não ter nenhum Pelé. Algum político que entre nós tenha dimensão lendária? Só o que a morte levou, Tancredo Neves, que se elegeu, mas não chegou a governar.

Glorioso merecidamente foi Garrincha. E foi Pelé, que, se limitando a ser quem era, só fez no jogo franquear os limites. Um olho nas costas ele acaso teria? Ou é caso de premonição? Que santo o protege? Iansã, a deusa da guerra? De quem recebeu ele o carisma da vitória? Gooool! Apenas mais um, dizia-se, já correndo em direção à bola. Nos estádios como outrora nas peladas; em Nova York, Londres ou Paris como na cidade de Bauru, que o estilo quando muito se aprimora. Dê-me aqui esta pelota e eu dela faço mil! Sou da finta e do improviso e é do gol o meu caminho. Se não tenho quem rebata a bola, que me valha o adversário. Vai ela, bate na sua coxa e eu, sorrateiro, então pego na corrida. A dama volta inexoravelmente para mim. Por ela de tudo faço e tudo, pois, eu com ela faço. Sou o que a pelota autorizou e o meu único senhor é o jogo. Mané Garrincha? Inesquecível. Diabólico, embora fosse um anjo.

Joãozinho Trinta, súdito de Momo, bem soube do valor de um e outro. "Vou fazer um enredo para mostrar o quanto dependemos dos mestiços e dos negros", dizia ele em 1987, mencionando jogadores de futebol, destaques de samba, músicos e escritores. Mario de Andrade, então, não era de cor? Machado de Assis? Mestiços como o carnavalesco, que, sendo nordestino, é de sangue negro e também é árabe. Daí talvez as suas tantas odaliscas mulatas.

A cultura fluindo através da brincadeira é a nossa, afirma ele, insistindo na alegria, mobilizando suas legiões. Que se desatrele da realidade a vida e seja então a surrealidade. Carnavalização! De tanga e cocar, os poderosos do Ocidente e do Oriente. Em revista as Sete Maravilhas para que no compasso do samba possa o Carnaval brasileiro, a oitava, fulgurar. Que Pelé dê a mão à Cinderela negra de nome Piná e a farândola para ela se abra. Um e outro ali estarão para esquecer e brincar, rememorar a sua infância.

O Braaasilll é do adulto e da criança, de quem queira dele participar. O samba é de todos, arregimenta na avenida os anjos e os terráqueos; exaltando Dionísio, pacifica gregos e troianos. Toca cuíca, tambor e tamborim. Que invoque a musa até a magia das transfigurações se realizar. Dança, mulata, entrega ao samba a alma e os pés. Quem resistiria a essa nossa mênade? Aliás, para quê? Pecado do lado de baixo do Equador inexiste, como diz Chico Buarque, que, torcendo pelo futebol, há muito gira na farândola, tira das cordas de um melífluo violão o tal Braaasilll. A cada samba é um gol que ele marca, e o país inteiro na mesma vibração. Tudo para embarcar na maré negra desse branco de olhos tão raros, verdes. "Roda a saia e me enreda, oh menina", diz a letra, incitando a brincar.

Passa banda, roda baiana e já toda a gente quer entrar, esquecida do cotidiano, da política e da miséria institucional. Só não adere ao samba quem for ruim da cabeça ou doente do pé. Isso o provérbio diz e, sapateando, Carmen Miranda reafirma. A *Brazilian bombshell* merecia que para ela se inventasse, em inglês, palavra equivalente ao nosso "algo mais". O Braaasilll, sendo baiano, também é americano ou amefricano.

Do *football* nós fizemos o futebol, o que era *match* virou jogo e se espraiou. Carmen Miranda não cessa de se multiplicar, está no teatro e nos desfiles, prodigalizando o fruto da providência, o abacaxi paradisíaco, além das suas muitas bananas. Yes, nós temos... No seu balanço e no riso, o Braaasilll se reconhece.

Carmen chega a ser caricata. Será da América do Norte ou do Sul que ela mais faz a sátira? Tchau, tchau, Hollywood ou Good-bye, Brazil? Nem bem lá nem bem cá, no território sem fronteira do samba, no cenário que a este melhor convier. Para ser ouvida e filmada. Glauber Rocha, que está nessa farândola, certamente quererá. Tão barroco ele quanto ela — a mulher das mãos em volutas — ou quanto Alegria do Povo, que requintava o passo, o drible, o improviso e o gol. Todos na tradição do Aleijadinho, cujos anjos são das igrejas e das escolas de samba também. São serafins carnavalescos criados por um artista mestiço, mineiro filho de português e mulata brasileira, um eurotropical.

Três continentes nessa gira em que está Carmen, igualmente luso-brasileira, e em que já poderiam ter entrado Maria Bethânia, Elis Regina e Gal, as cantoras do Braaasilll que o Brasil, como cantava Elis, não merece. "Se nele penso", dizia Glauber Rocha, "é na morte que penso. Vida é no exterior, que eu mártir não sou e crucificado não desejo ser, meu Cristo é a ressurreição, e não a cruz."

Ressurgir é a vocação do Braaasilll, que às vezes mais se afigura irreal. Aparece como uma bola e dura o tempo de uma embaixada, sai de um violão deixando-se dedilhar, está nas ancas de uma súbita morena ou na pluma de quem, escrevendo, ao passo melífluo venha a se entregar. À maneira de Jorge Amado, velho marinheiro que segue na roda desatento. Tomado ainda por sua Gabriela, a que a tudo preferia brincar. Ela, como nós meninas, cantarola assim:

Palma, palma, palma
Pé, pé, pé
Roda, roda, roda
Caranguejo peixe é

O Braaasilll está no sino da igreja que não badala no ritmo da liturgia, mas no compasso do samba; não obedece à tradição da Igreja, e sim à do povo; ocupa-se sobretudo de alegrar e assim ganhar os fiéis. O Braaasilll está na procissão única do Senhor do Bonfim, nas filhas de santo levando para a igreja cântaros, bilhas, potes e moringas ao som dos atabaques e do canto que ora é latim, ora nagô; está no santo católico que então, como no candomblé, recebe oferendas, água, flores e frutas, é pois cultuado como um orixá. O Braaasilll é o padre do Senhor do Bonfim que diz não à procissão como quem diz sim, olha-a entrar na igreja e nada vê, deixa que do templo sorrateiramente se faça um terreiro. Digamos que tal país é o faz de conta em ação.

Será por isso que o som da própria negativa na nossa língua não é o da negação? Quem ouvindo não reagiria como à escuta do *nicht* tão determinado? Ou do *non* francês?

O fato é que nós perpetuamos o "catolicismo lírico" dos portugueses, como lembra Gilberto Freyre, também presente na farândola. No século XVIII, dançávamos desenfreadamente para São Gonçalo, patrono dos amores clandestinos e casamenteiro das velhas, que, em Portugal, ousavam invocar o santo assim:

San Gonçalo do Amarante
Casai-me que bem podeis
Já tenho teias de aranha
Naquilo que vós sabeis

Quanto à procissão de Corpus Christi, ela então ensejava os mais lúbricos saracoteios. Igreja servia para acobertar namoro. Hoje ainda, Santo Antônio, associado às práticas de feitiçaria afrodisíaca, é posto de ponta-cabeça no urinol para que logo atenda às exigências.

O catolicismo brasileiro é transigente, porque nós nos cristianizamos transigindo. O jesuíta acaso não catequizava pela música e pelo canto que, na época, a

Santa Madre proibia? A ladainha contemporizava com a forma do canto tupinambá. Podia o índio não aderir? Absurdo seria afirmar que o faz de conta foi privilegiado pelo jesuíta e o brincar foi entre nós um recurso civilizador? De saída com o índio e depois com o negro, que pôde conservar à sombra dos ritos católicos formas e acessórios da sua mítica, subvertendo à sorrelfa os tabus e fazendo valer a sua vocação totêmica. Brincavam, fazendo de conta, o catequizador e o catequizado, o senhor e o seu escravo. A quem isso prejudicava? Lisboa e Roma, tão distantes!

A brincadeira servia para nos integrar. Dela nasceu o Braaasilll, país de saberes vários, que só através da competência se perpetua, resistindo à oposição que lhe faz o Brasil, onde, como dizia Eça de Queirós, candidato bem-vindo à farândola, há mais doutores do que brasileiros:

> *Doutores, com uma espada, comandando soldados; doutores, com uma carteira, fundando bancos; doutores, com uma sonda, capitaneando navios; doutores, com um apito, dirigindo a política; doutores, com uma lira, soltando carmes; doutores, com um prumo, construindo edifícios; doutores, com balanças, ministrando drogas; doutores, sem coisa alguma, governando Estado! Todos doutores.*[41]

Eça de Queirós

Seja como for, driblando, driblando, o país da bola emplaca e um dia ganha do outro. O Braaasilll está destinado a ser campeão. Quero crer, e até porque sou brasileira, filha de mãe chamada Esperança.

PALAVRA DE CAMPEÃO

S egue o ponto de vista de jogadores de diferentes nacionalidades sobre o futebol brasileiro, cada qual com o ano em que a opinião foi tomada. [42]

"O futebol é um espetáculo. Depende muito do público. Se você não traz a emoção para o seu lado, você não produz o suficiente. Aprendi a interpretar a reação do público e passei a usá-la como estímulo. O jogador de futebol é um artista. Nós, brasileiros, somos particularmente inventivos. O jogo faz parte da nossa cultura. Os italianos aprendem muito bem os fundamentos daquilo que se propõem a fazer, mas o futebol deles não muda nunca. Os franceses têm um tipo de jogo parecido com o nosso, extremamente bonito e até perfeccionista. Os alemães são rígidos em excesso. Se mudar alguma coisa, por mínima que seja, eles não conseguem mais analisar."

(Sócrates de Oliveira, brasileiro, 1988)

"O futebol europeu ganha na organização. O campeonato, lá, sempre termina e sempre há um vencedor. Na Itália, vai de agosto a agosto, por causa do clima moderado, mas o campeão sempre sai antes do calor máximo. Não é como no Brasil em que, no auge do verão, o campeonato ainda não está decidido. As condições aqui são precárias, o jogador não possui resistência e essa falha é compensada pela criatividade. O melhor atleta do futebol mundial é o alemão.

Tem força, resistência e muita determinação, além de treino. Ademais, ele nunca se descontrola, está sempre atento ao jogo e nunca comete erros como nós."

(Arthur Antunes Coimbra — Zico —, brasileiro, 1988)

"O futebol europeu é todo programado. No preparo físico, eles são muito superiores e nós não temos como alcançá-los nisso. Só que eles não têm a improvisação e nós levamos vantagem quando colocamos em prática a jogada que nos ocorre durante o próprio jogo. Pelé imaginava uma jogada e punha em prática no treino para saber se aquilo realmente funcionava. Era muito avançado em relação a nós. O futebol francês se assemelha ao brasileiro, que é vistoso. O futebol alemão é força. E os jogadores da Cortina de Ferro — Rússia, Checoslováquia, Polônia — jogam na base da força bruta."

(Gylmar dos Santos Neves — Gilmar —, brasileiro, 1988)

"A característica do futebol brasileiro é a habilidade com a bola, no toque, no drible. Mas, mesmo dentro do nosso futebol, há diferenças. O futebol gaúcho é de jogadores mais fortes, o carioca é totalmente diferente, mais cadenciado."

(Hederaldo Luís Bellini, brasileiro, 1988)

"O argentino encara o futebol como espetáculo e procura jogar mais ou menos como o brasileiro. O brasileiro é superior, porque considera o futebol uma arte e joga com muita técnica. Cada jogador tem que dar o melhor de si e interpretar bem o seu papel no palco, que é o campo. O público espera e merece essa atitude e, se ele está se afastando dos campos, é porque o jogo não o satisfaz mais. Até o Brasil tende a deixar atualmente o aspecto artístico de lado e não se arriscar. Seja como for, os sul-americanos são intuitivos, se valem da improvisação. O europeu é mais esquematizado. A Itália joga sempre como se a partida fosse uma questão de vida ou morte e segura muito o jogo, não se arrisca. O futebol alemão raramente apresenta surpresas, porque não privilegia o talento individual. O sistema de jogo inglês é tradicional, uma linha de quatro na defesa. As demais seleções jogam com três na defesa e um sobrando."

(Miguel Angel Brindisi, argentino, 1989)

"O futebol uruguaio é agressivo. Não se entrega nunca e, se o jogador está perdendo, corre atrás da bola, luta até o fim. Não é muito técnico, como o argentino e o brasileiro, é mais parecido com o italiano e o alemão pela vontade de vencer. O futebol sul-americano, em geral, diferencia-se do europeu pela inspiração do jogador. Taticamente, nós, uruguaios, podemos usar os sistemas argentino, brasileiro, italiano ou alemão, mas somos capazes de criar jogadas, coisa que o europeu já não consegue fazer. O sul-americano, de modo geral, é mais criativo. O brasileiro joga oferecendo saídas imprevistas para as diferentes situações."

(Pablo Forlán, uruguaio, 1989)

"O sul-americano tradicionalmente joga com a marcação por zona, enquanto o europeu joga com a marcação homem a homem, que não dá ao adversário espaço suficiente para que ele mostre o seu talento, a sua técnica. Uma boa tática; porém, não permite mostrar a superioridade de um sobre o outro. A Itália venceu em 1982, marcando homem a homem. O que caracteriza a mentalidade italiana é não perder o jogo. A nossa organização não permite subir muito, nem criar grandes jogadas. O futebol, para os italianos, não é uma arte. Sempre procurei dar o melhor de mim, mas essa ideia de ser um artista nunca me passou pela cabeça. No campeonato italiano, a primeira preocupação é obter resultados positivos; a forma do jogo não nos importa tanto."

(Paolo Rossi, italiano, 1989)

"O futebol italiano preocupa-se menos com o espetáculo do que com o resultado. Em 1978, nós tínhamos uma boa equipe e perdemos. Em 1982, resolvemos deixar o espetáculo em segundo plano e vencemos. O futebol alemão e o italiano são parecidos. O jogador alemão é fisicamente mais forte e nós somos mais criativos. Os franceses tiveram uma época muito positiva com Platini, mas agora não têm chance. O futebol brasileiro é o mais bonito de todos."

(Claudio Gentile, italiano, 1989)

"O alemão é excelente na organização e no preparo, porém, em termos de intuição, os latinos são mais desenvolvidos. Do ponto de vista técnico, da capacidade de lidar com a bola, os brasileiros são os melhores."

(Franz Beckenbauer, alemão, 1989)

"O Brasil é incontestavelmente o grande favorito da próxima Copa [na França, em 1998,]. Está acima da média. A seleção atual é muito diferente da seleção de 1994, que evoluía praticamente com nove defensores e dois atacantes muito bons, Bebeto e Romário. Agora, há mais jogadores na ofensiva. Paradoxalmente, a equipe que ganhou a Copa em 1994 nos Estados Unidos era sem dúvida a menos boa das seleções brasileiras das quatro últimas competições mundiais. Quanto às particularidades do futebol brasileiro, é muito difícil determinar. Fala-se muito do jogo bonito, mas não se pode esquecer de que o Brasil sempre teve uma defesa de ferro, com grandes atletas. A equipe brasileira é uma mistura de culturas e de raças, é de uma diversidade excepcional."

(Michel Platini, francês, 1997)

"A técnica e a velocidade são evidentemente as duas características essenciais do futebol brasileiro. De todos os jogos que disputei contra o Brasil, só tenho lembranças incríveis. As grandes estrelas dos anos 1950-60, os Pelés e os Didis, eu só vi em videocassete, porém é sempre um grande espetáculo. Enquanto treinador do Mônaco, constatei que os brasileiros da minha equipe, como Sonny Anderson, por exemplo, são grandes profissionais. O jogo bonito é um fato, está na cultura dos brasileiros. O preparo físico e mental também é considerável."

(Jean Tigana, francês, 1997)

"Os brasileiros têm um dom que os esportistas de outras nações não têm. A técnica, o domínio da bola, me deixam em êxtase. É raro, por exemplo, ver um brasileiro perder o controle. Mas, nos últimos vinte anos, os jogadores do Brasil aprenderam também o rigor. Antes, chegavam às grandes competições muito descontraídos, pensando que tudo lhes seria favorável. Aprenderam a evoluir e é por isso que se tornaram campeões do mundo em 1994. O encontro de Guadalajara, no final da Copa de 1986, continuará a ser uma das minhas melhores lembranças. Jogar contra o Brasil é sempre o máximo, um momento excepcional numa carreira, e isso vale para todos os jogadores do planeta."

(Luis Fernández, francês, 1997)

"O futebol brasileiro é, antes de mais nada, um espetáculo. A técnica e a inteligência do jogo de um brasileiro estão bem acima da média. Em 1958, na semifinal da Copa, tomamos uma lavada, mas perder (5 a 2) de uma equipe como aquela não era desonra. Foi uma época marcada pelos Garrinchas, os Pelés, os Vavás, jogadores maravilhosos. Seja como for, os brasileiros têm uma precisão no último passe e uma criatividade que nós franceses não temos. Ademais, correm riscos na ofensiva. Ousam coisas inacreditáveis e, para o espetáculo, isso é ótimo."

(Raymond Kopa, francês, 1997)

"O jogador brasileiro domina a bola e, como esta não é uma preocupação, a técnica rende mais. Seja como for, a beleza passa antes da eficácia. Toda vez que os brasileiros aliaram os dois, eles se tornaram campeões do mundo. Acredito igualmente que são defensores natos. Não têm necessidade de bater para dominar os adversários. O jogo deles está baseado na antecipação. No último torneio da França, vimos um Brasil um pouco mais realista que de hábito. A vitória era essencial, mesmo em detrimento do jogo. Mas, com atacantes como Ronaldo, o perigo pode vir a qualquer momento e os defensores do time oposto não podem mais correr o risco de abandonar a marcação. É a grande força do futebol brasileiro atual."

(Just Fontaine, francês, 1997)

"A improvisação e a facilidade técnica dos brasileiros são duas coisas extraordinárias. O temperamento ofensivo entusiasma todos os espectadores. Quando a gente joga contra o Brasil, a tendência é entrar em campo inseguro. Psicologicamente, isso representa um trunfo para os sul-americanos. Os especialistas sempre falam da seleção de 1958. Mas não se pode esquecer de um clube como o Santos, que tinha as mesmas características, com um jogo baseado nos dribles e no ataque. No plano físico, os brasileiros também têm feito um enorme progresso. Agora, são verdadeiros atletas. Em relação à França, lamento a hipervalorização do preparo físico em detrimento da improvisação."

(Roger Piantoni, francês, 1997)

"Quando uma criança brasileira começa a jogar futebol, é mais para se divertir do que para competir. Por isso, o brasileiro é mais criativo. No que diz respeito ao fervor, entusiasmo igual ao do público brasileiro só existe na Itália ou na Espanha. Até agora, temos quatro títulos de campeões do mundo. É uma honra vestir a camisa da seleção. É o sonho de todas as crianças brasileiras e, quando a gente atinge este objetivo, sabe que se encontra numa situação com a qual um povo inteiro sonhou. Jamais esquecerei o momento em que levamos a Copa para o Brasil. O país todo nos esperava, foi maravilhoso."

(Raí Souza Vieira de Oliveira, brasileiro, 1997)

NOTAS

1. O escritor e diplomata espanhol Salvador de Madariaga em *Ingleses, franceses, españoles: ensayo de psicología comparada*. Buenos Aires: Editorial Sudamericana, 1969.

2. O jornalista francês Jean Cormier, em entrevista, setembro de 1987.

3. O jornalista francês Alain Fontan, autor de vários livros e até de um documentário sobre o futebol do Brasil, em *Divin football brésilien*. Paris: La Table Ronde, 1963.

4. O publicitário e homem de relações públicas Carlito Maia na *Folha de S. Paulo*. São Paulo, 29/11/1983.

5. O escritor Roberto Drummond no livro de contos *Quando fui morto em Cuba*. São Paulo: Ática, 1982. p. 32.

6. A cantora Elis Regina em *O Cruzeiro*. Rio de Janeiro, 12/09/1973.

7. Henry Kissinger, que foi conselheiro nacional de segurança e secretário de Estado nos governos Nixon e Ford (EUA, 1969-1977), *O Estado de S. Paulo*. São Paulo, 29/06/1985.

8. O jogador Michel Platini falando à romancista e cineasta francesa Marguerite Duras, *Folha de S. Paulo*. São Paulo, 10/01/1988.

9. O antropólogo brasileiro Roberto DaMatta em *O universo do futebol*. Rio de Janeiro: Edições Pinakotheke, 1982.

10. O arquiteto paulista Marcos de Azevedo Acayaba em entrevista, dezembro de 1986.

11. O historiador francês Alain Mangin, em conversa com a autora.

12. O jornalista, comentarista de futebol e treinador João Saldanha em *Os subterrâneos do futebol*. Rio de Janeiro: José Olympio, 1980. p. 121.

13. Marcos de Azevedo Acayaba em entrevista, dezembro de 1986.

14. Roberto DaMatta. Op. cit., p. 39.

15. O jornalista e dramaturgo Nelson Rodrigues em *Manchete*. Rio de Janeiro, 13/03/1959.

16. Segundo o cinéfilo, jornalista e escritor Paulo Perdigão em *Anatomia de uma derrota*. Porto Alegre: L&PM, 1986. p. 58, que cita Brian Glanville, jornalista inglês especializado em futebol e autor de *The Story of the World Cup* ("História da Copa do Mundo"), principal livro de referência sobre a história do torneio da Fifa, regularmente atualizado.

17. O jornalista italiano Giordano Fattori no jornal de Milão *Gazeta Dello Sport*, assinando como enviado especial ao Rio de Janeiro para cobrir a Copa do Mundo de 1950, segundo Paulo Perdigão. Op. cit., p. 61.

18. *Gazeta Esportiva*. São Paulo, 15/07/1950.

19. *Diário Carioca*. Rio de Janeiro, 15/07/1950.

20. Citado por Brian Glanville, segundo Paulo Perdigão. Op. cit., p. 82. O general Ângelo Mendes de Morais, prefeito do então Distrito Federal entre 1947 e 1951, foi quem se empenhou na construção do estádio do Maracanã, convidando para inaugurá-lo o presidente da República, marechal Eurico Gaspar Dutra.

21. O jornalista Sandro Moreyra. *Jornal do Brasil*. Rio de Janeiro, 10/01/1981.

22. Paulo Perdigão. Op. cit., p. 161.

23. *O Estado de S. Paulo*. São Paulo, 18/07/1950.

24. Diálogo imaginário inferido do livro do jornalista Mário Filho, *O negro no futebol brasileiro*. Rio de Janeiro: Civilização Brasileira, 1964. p. 335.

25. O jornalista e memorialista Luís Edmundo (L.E. de Melo Pereira da Costa) em *O Rio de Janeiro do meu tempo*. Rio de Janeiro: Imprensa Nacional, 1938. p. 847.

26. "Não é o sério, mas o real que se opõe ao brincar", afirma Sigmund Freud, *Der Dichter und das Phantasieren* ("O poeta e o devaneio"). *Obras completas*, v. VII, p. 224. [1908, "Creative Writers and Day-Dreaming". SE 9, pp. 143-153]

27. O poeta Mário Chamie, em entrevista, agosto de 1988.

28. Carlito Maia. *Folha de S. Paulo*. São Paulo, 0/09/1983.

29. Celso Furtado. *Folha de S. Paulo*. São Paulo, 28/04/1984. A autora discutiu a questão no artigo "A crise de identidade e a política da clausura. Resposta a Celso Furtado", publicado no mesmo jornal em 26/05/1984, presente no livro *Isso é o país*, no qual a autora reúne suas colaborações para a imprensa.

30. João Saldanha. *Os subterrâneos do futebol*. Op. cit., pp. 27-28. Saldanha descreve a cena e a atribui ao checo Masopust. A Eslováquia aponta seu craque Popluhár como quem contracenou com Pelé no momento da lesão. Aliás, em 1997, Popluhár recebeu um prêmio por seu cavalheirismo no episódio.

31. *Le Monde*. Paris, 19/05/1988.

32. O jornalista e comentarista esportivo Armando Nogueira. *Bola na rede*. Rio de Janeiro: José Olympio. p. 45.

33. O jornalista e radialista francês Alain Fontan em *Divin football brésilien*. Op. cit., p. 246.

34. O arquiteto paulista Marcos de Azevedo Acayaba, em entrevista, dezembro de 1986.

35. O chefe da delegação brasileira na Copa de 1958 foi o homem de comunicação Paulo Machado de Carvalho — o "Marechal da Vitória". O massagista era Mário Américo. O episódio do roubo da bola repetiu-se na Copa do Mundo de 1962 — na ocasião, o supersticioso empresário da Rádio e TV Record e da Jovem Pan repetiu tudo o que tinha dado sorte ao selecionado brasileiro na disputa anterior, a começar pelo seu terno marrom. E o Brasil foi bicampeão. Hoje, as bolas estão no Museu Paulo Machado de Carvalho (Museu do Futebol).

36. O jornalista francês Jean Paul Loudot, em entrevista, setembro de 1987.

37. O historiador Sérgio Buarque de Holanda em *Visão do paraíso*. São Paulo: Cia. Editora Nacional, 1977, pp. 36-37.

38. O ex-goleiro da Seleção Brasileira, Gylmar dos Santos Neves, em entrevista em 30/11/1981 para o Museu da Imagem e do Som de São Paulo.

39. O poeta Carlos Drummond de Andrade no poema "O momento feliz sobre a Copa do Mundo de 70" (*Jornal do Brasil*, 20/06/1970), reproduzido em *Quando é dia de futebol?*. Rio de Janeiro: Record, 2002.

40. O carnavalesco Joãozinho Trinta em entrevista à autora, 1980.

41. O escritor português Eça de Queirós. "Carta XVIII a Eduardo Prado" (Paris, 1888) de *A correspondência de Fradique Mendes*. Lisboa: Livros do Brasil, 1980.

42. As entrevistas da década de 1980 foram realizadas pela autora; as de 1990, por Pascal Grégoire-Boutreau, repórter especial do jornal francês *L'Équipe* e autor de livros sobre história esportiva. Recebeu o Prêmio Lacoste de Literatura Esportiva em 2003 pelo livro *Au bonheur des filles*, dedicado ao futebol feminino.

SOBRE OS JOGADORES E OS TERMOS

Barbosa: Moacir Barbosa Nascimento nasceu em Campinas (SP) em 27/3/1921 e faleceu em 7/4/2000. Começou como goleiro no Clube Atlético Ypiranga, um dos times mais fortes do futebol de São Paulo no início do século XX, indo depois para o Rio de Janeiro em 1944. Na cidade, jogou pelo Vasco da Gama, time em que conquistou seus títulos mais importantes. Estigmatizado pelo gol do atacante uruguaio Ghiggia no final da Copa de 1950, diante de 174 mil espectadores no Maracanã, passou por grandes dificuldades financeiras e ficou dependente da ajuda de amigos para sobreviver na Praia Grande, litoral paulista. O episódio e todo o clima dos anos 1950 no Brasil foram abordados em 2000 pelo jornalista Roberto Muylaert no livro *Barbosa: um gol faz cinquenta anos*. (Ver também **frango do Barbosa**.)

Beckenbauer: Franz Anton Beckenbauer, apelidado de "Der Kaiser" (O Imperador) devido a seu estilo elegante e suas qualidades de liderança — tendo sido capitão de todos os times nos quais jogou. Nasceu em 11/9/1945 em Munique, onde atuou no SC Munique e depois no time juvenil do Bayern, a partir dos 13 anos. Estreou como profissional em 1964 e em 1965 fez seu primeiro jogo para a Seleção da Alemanha. Sua primeira Copa do Mundo foi a da Inglaterra, em 1966, quando os ingleses venceram os alemães com um gol duvidoso por 3 a 2 — final descrita pela imprensa alemã como "a derrota dos 2 a 2". Jogava como líbero, armando contra-ataques fulminantes. É considerado peça fundamental para a vitória da Alemanha na Copa de 1974 e para a conquista do tricampeonato do Bayern de Munique na Liga dos Campeões da Europa (1974, 1975, 1976). Aposentou-se no Cosmos de Nova York, pelo qual jogou no período 1977-1980 e em 1983, ao lado de Pelé e vários astros do futebol mundial. Na volta para casa, tornou-se técnico da Seleção da Alemanha, que foi vice na Copa de 1986, no México, e campeã em 1990, na Itália. Beckenbauer e o brasileiro Zagallo tornaram-se os únicos a ganhar Copas como jogadores e como técnicos. A partir de 1994, tornou-se presidente do Bayern e figura de peso no cenário futebolístico internacional. Depois de participar dos esforços para que a Alemanha sediasse a Copa do Mundo de 2006, comandou a realização do evento como superintendente do Comitê Organizador.

Bellini: Hideraldo Luis Bellini foi nosso primeiro capitão a erguer a Copa do Mundo — a Taça Jules Rimet, em 1958. Nascido em Itapira (SP) em 7/6/1930, era um zagueiro forte, que se impunha sem violência. Começou no Itapirense e passou para o Sanjoanense (1949-1951), ganhando destaque quando se transferiu para o Vasco da Gama (1952-1961). Atuou ainda no São Paulo e no Atlético Paranaense, no qual encerrou carreira em 1969. Foi bicampeão do mundo, tendo disputado as Copas de 1958, 1962 e 1966. Bonitão, fino e educado, Bellini foi um dos primeiros atletas brasileiros a usar sua imagem publicitariamente.

beque: jogador de defesa, zagueiro, que atua em dupla com outro de mesma função imediatamente à frente do goleiro; o termo resulta do aportuguesamento da palavra inglesa back (atrás).

bicicleta: considerada a mais plástica de todas as jogadas do futebol, a bicicleta é um lance feito pelo jogador de costas para o gol do adversário. Lançando-se ao ar e com o corpo praticamente na horizontal, costas para o chão, o atleta recebe a bola no ar e a chuta por cima da própria cabeça. Essa jogada é associada no Brasil a Leônidas, que causou assombro ao aplicá-la no estádio Centenário de Montevidéu em 1932. Mas o próprio Diamante Negro sempre disse que viu e ensaiou o lance feito por Petronilho de Brito nos anos 1920. Ao que tudo indica, seu precursor teria sido Ramon Unzaga, jogador espanhol que vivia no Chile e usou a jogada em 1914. Especialistas atribuem a Pelé o aperfeiçoamento do lance e a fixação de seu estilo, hoje seguido por futebolistas de todo o mundo.

Bigode: João Ferreira, lateral-esquerdo, foi um dos bodes expiatórios, ao lado do goleiro Barbosa, pela derrota na Copa de 1950. Nasceu em 4/4/1922 em Belo Horizonte (MG) e morreu em 31/7/2003. Iniciou-se no futebol jogando em equipes amadoras e se profissionalizou em 1940 no Clube Atlético Mineiro. Em 1943, transferiu-se para o Rio de Janeiro, onde jogou no Fluminense e também no Flamengo. Pela Seleção Brasileira, entre 1949 e 1950, Bigode atuou em 11 jogos, com oito vitórias, um empate e duas derrotas. (Ver também Barbosa.)

Brindisi: Miguel Ángel Brindisi, nascido em 8/10/1950 em Buenos Aires, Argentina. Atacante e centroavante, jogou pela Seleção Argentina na Copa de 1974. Na primeira divisão de seu país, jogou nos clubes Huracán e Boca Juniors. Como técnico, atuou na Guatemala, no Equador e, de volta à Argentina, em dois de seus antigos clubes, Huracán e Racing, além de levar o Club Atlético Independiente aos títulos da Supercopa Sul-Americana (1994) e da Recopa Sul-Americana (1995). Teve passagens por times da Espanha e uma campanha frustrante diante do Boca Juniors em 2004, pela qual assumiu a culpa e se demitiu, voltando a trabalhar na Guatemala.

Campeonato Mundial de Futebol: ver Copa do Mundo.

cartola: gíria depreciativa dos meios esportivos usada para designar os dirigentes de clubes e de entidades esportivas. No sentido geral, a gíria é dicionarizada e se aplica a indivíduos de posição elevada, que não consideram opiniões ou tendências populares.

Charles Miller: Charles William Miller, anglo-brasileiro nascido em São Paulo em 24/11/1874 e falecido em 30/6/1953, considerado o introdutor do rúgbi e do futebol no Brasil. Enviado para estudar na Inglaterra aos 9 anos, aprendeu a jogar futebol na Bannister Court School, jogou no time do Southampton e de lá voltou uma década depois, trazendo duas bolas da marca Shoot, uma bomba de ar, dois uniformes e um livro com as regras do jogo. Inspirou a formação das duas primeiras equipes de futebol do país, com jogadores de empresas inglesas em São Paulo, e depois também de outros times e da Liga Paulista de Futebol, a primeira do Brasil. Sua vida e carreira estão descritas na biografia *Charles Miller: o pai do futebol brasileiro*, do historiador John Mills, lançada no Brasil em 2005, que tem até a foto da que é considerada a primeira partida feita no Brasil, na Várzea do Carmo, em 14 de abril de 1895. Nessa partida, Miller jogou na equipe da São Paulo Railway (depois Estrada de Ferro Santos-Jundiaí), vencedora do jogo contra o time da Companhia de Gás. De 1902 a 1904, foi artilheiro duas vezes e três vezes campeão paulista, jogando pelo São Paulo Athletic Club (Spac), no qual encerrou a carreira em 1910, passando a atuar como árbitro.

Copa do Mundo: imaginada desde o início da estruturação da Federação Internacional de Futebol (Fifa) em 1904, a competição destinada a reunir seleções de todo o mundo demorou 26 anos para virar realidade. E só aconteceu pela persistência do terceiro presidente da entidade (ver Jules Rimet). Ele optou pelo modelo das Olimpíadas, que se disputam de quatro em quatro anos, acreditando que seu evento alcançaria as mesmas proporções. E não errou, pois o Campeonato Mundial de Futebol se tornou o mais importante certame disputado em quadras e a segunda maior manifestação esportiva em interesse midiático —

atrás apenas das Olimpíadas. A primeira Copa do Mundo da Fifa ocorreu no Uruguai em 1930 e a sequência só foi interrompida em 1942 e 1946, devido à Segunda Guerra Mundial. A Seleção Brasileira é a única a ter participado de todas as Copas.

Didi: Valdir Pereira, "Príncipe Etíope", "Folha-seca", nascido em Campos (RJ) em 8/10/1928, faleceu em 12/5/2001, um ano depois de ter entrado para o Hall da Fama do Futebol da Fifa, ao lado de Pelé, Garrincha, Beckenbauer, Platini e outros grandes jogadores. Iniciou-se em 1934 no time infantil do São Cristóvão (RJ), quase teve a perna amputada devido a uma infecção quando tinha 14 anos, para desgosto de seu pai, Artur Oscar, antigo jogador do Goytacaz. Curado, evoluiu nas categorias de base até chegar ao Fluminense em 1949, time que o armador defendeu até 1956 e pelo qual foi campeão carioca de 1951. Conquistou o mesmo título mais três vezes pelo Botafogo (1957, 1961 e 1962). Em 1952, defendeu as cores brasileiras nos Jogos Pan-Americanos do Chile, conquistando o primeiro troféu internacional para o selecionado brasileiro. Como sucessor de Mestre Ziza (ver Zizinho), jogou na Copa da Suíça, em 1954 — a primeira em que a Seleção do Brasil jogou com calção azul e camisa amarela, tornando-se a "Seleção Canarinho". Foi bicampeão do mundo, jogando nas Copas da Suécia, em 1958 — eleito o melhor jogador da disputa —, e de 1962, no Chile. Logo após o segundo título, foi para o Real Madrid, onde exibiu sua maestria e ganhou dos europeus o apelido de "Mr.

Football". Voltou ao Brasil jogando no São Paulo (1964 e 1966). A partir daí, foi técnico de brilhante carreira, conquistando títulos no Sporting Cristal do Peru, no Fenerbahçe da Turquia e no Al-Ahli Jeddah da Arábia Saudita. Levou a Seleção do Peru às quartas de final na Copa do Mundo de 1970 no México. Atuou também na Argentina, no México, no Kuwait e, no Brasil, treinou Fluminense, Botafogo, Cruzeiro e Bangu. Abandonou o futebol em 1987, depois de uma operação na coluna. O elegante "Príncipe Etíope" marcou o primeiro gol da história do Maracanã, em 16 de junho de 1950, pela seleção carioca contra a paulista — que venceu por 3 a 1. Foi também apelidado de "Folha-seca" devido ao chute de efeito que criou (ver folha-seca). Em 1993, saiu sua biografia, *Didi: o gênio da folha-seca*, de Péris Ribeiro.

Diamante Negro: ver Leônidas.

drible, ou finta: do inglês *dribble*, cair em gotas, fluxo instável; do italiano *finta*, fingimento, ato ou efeito de driblar, fintar, enganar ou tirar da jogada um ou mais adversários com movimentos de corpo enquanto conduz a bola.

Feitiço: Luiz Macedo Matoso, nascido em São Paulo, capital, em 29/9/1901, faleceu em 23/8/1985. Centroavante, jogou no Santos entre os anos 1920 e 1930. Foi capitão da Seleção Paulista no período. Artilheiro por três anos seguidos no São Bento em meados dos anos 1920, igualou a marca pelo Santos em 1929,

1930 e 1931. Era tão popular que o time de São Vicente (SP) foi fundado com o nome Feitiço Futebol Clube em 1928. Suas características eram a velocidade, uma cabeçada mortal e um fulminante chute de bico. Maior goleador do Santos fora da Era Pelé, permanece com a melhor média de gols na história do clube: em 151 jogos, marcou 213 vezes (1,41 gol por jogo).

Fernández: Luis Fernández, nascido em Tarifa, Espanha, em 2/10/1959. Seu primeiro contrato profissional foi assinado aos 19 anos, em 1978, com o Paris Saint-Germain. Meio-campista eficiente como defensor, ágil na recuperação de bolas e preciso nos lançamentos, progride com seu clube. Já em 1982 se torna titular da Seleção da França, que nesse ano fica em quarto lugar na Copa do Mundo da Espanha, graças ao "Quadrado Mágico" que ele formava no meio-campo com Tigana (Jean), Giresse (Alain) e Platini (Michel). Participou da conquista da Eurocopa 1984 e do terceiro lugar na Copa do Mundo de 1986 no México. Foi dele o gol que, na disputa de pênaltis, desclassificou o Brasil nas quartas de final, numa partida considerada histórica para o futebol francês. Passou a jogar pelo Matra Racing de Paris (1986-1989) e depois foi para o Cannes (1989-1992), no qual deixou o gramado e assumiu a função de treinador a partir de 1993. Devolveu o Cannes à primeira divisão e impressionou com o jogo agressivo que impôs aos seus pupilos, levados por ele até a qualificação para o Campeonato da Uefa. Consultor esportivo e comentarista, continuou a carreira de treinador no Paris

Saint-Germain, com o qual deu à França sua primeira Copa dos Campeões da Europa (1996). Passou quatro anos no Atlético de Bilbao, na Espanha, voltando em 2000 para a França, de novo no Paris Saint-Germain — em que não se deu bem com Ronaldinho Gaúcho, preferindo deixá-lo no banco dos reservas. A partir de 2003, fez temporadas na Espanha, no Catar, em Israel e na França.

finta: ver drible.

Fontaine: Just "Justo" Fontaine, nascido em 18/8/1933 em Marrakesh, Marrocos, mantém até hoje o recorde histórico da maior artilharia em uma Copa do Mundo: 13 gols em apenas seis partidas no campeonato de 1958 na Suécia, no qual formou uma dupla mortal com Kopa e seus passes perfeitos. Foram as estatísticas de gols que transformaram em estrela o jogador desconhecido do Casablanca (1950-1953), levando-o para jogar na França — primeiro no Nice (1953-1956) e depois no Stade Reims (1956-1962). Campeão da França em 1958 e em 1960 — só nesta última temporada, fez 30 gols em 21 partidas pela Seleção —, foi obrigado a se aposentar precocemente devido a uma grave lesão. Foi nesse período que criou com colegas a União Nacional dos Futebolistas Profissionais, da qual se tornou o primeiro presidente. Em 1965, mudou-se para Toulouse, onde abriu uma loja, a Justo Sport. Atuou por pouquíssimo tempo (duas partidas amistosas perdidas) como treinador da Seleção Francesa em 1967. Depois disso, passou quatro anos diante do Paris Saint-Germain, conseguindo levá-lo à primeira divisão no primeiro deles — 1974. Também foi treinador do Toulouse na temporada 1978-1979. Atuou como treinador da Seleção do Marrocos.

folha-seca: "Chute direto a gol, geralmente com bola parada, cuja trajetória sofre uma queda súbita, que surpreende o goleiro", conforme o *Novo Dicionário Aurélio da Língua Portuguesa*, que atribui a criação da jogada a Didi (Valdir Pereira). Diz a lenda que Didi estava com o pé machucado numa eliminatória para a Copa do Mundo em 1957, jogando contra o Peru no Maracanã, e por isso chutou com o lado do pé. O efeito levou a bola a fazer uma trajetória curva nunca vista antes. Levantando-se devagar e caindo de repente, a bola engana o goleiro. Os radialistas presentes apelidaram o lance de folha-seca — segundo alguns, porque a trajetória curva lembra o formato de uma folha seca; para outros, devido ao ritmo de queda da bola. O chute continuou a ser bastante usado por batedores de falta, como Roberto Carlos (Brasil) e David Beckham (Inglaterra). O jornalista Armando Nogueira recorre ao romance *Dom Casmurro*, de Machado de Assis, para definir a folha-seca: "Chute oblíquo e dissimulado como o olhar de Capitu." (Ver Didi.)

Forlán: Pablo Justo Forlán Lamarque, nascido em 14/7/1945 em Mercedes, Uruguai. Lateral-direito do São Paulo de 1970 a 1976. É pai de quatro filhos, dois deles futebolistas: Pablo, que jogou no Deportivo Maldonado (Uruguai) e o caçula Diego Forlán, atacante que passou por times da Argentina, da Espanha, da Itália, da Inglaterra, do Brasil, e, desde 2003, é titular da Seleção Uruguaia. No Brasil, Pablo Forlán jogou também no Cruzeiro (MG) antes de voltar ao Uruguai, onde encerrou a carreira no Defensor (1979-1984). Participou de duas Copas do Mundo, em 1966 e 1974. Foi técnico do São Paulo e também de times do Uruguai, onde hoje trabalha como olheiro de jogadores jovens.

frango: bola de fácil defesa, mas que se transforma em gol por erro do goleiro.

"frango do Barbosa": expressão usada pelo jornalista e dramaturgo Nelson Rodrigues em sua coluna esportiva para classificar o gol da vitória uruguaia na Copa de 1950 como falha do goleiro Barbosa. Muito se fala sobre o "frango", mas poucos sabem como foi a jogada. O Brasil, que precisava apenas do empate, saiu na frente com um gol de Friaça (Albino Friaça Cardoso) no primeiro minuto do segundo tempo, mas o Uruguai virou o placar com duas jogadas quase iguais. Em ambas, o meia Bigode foi vencido por Ghiggia na corrida pela esquerda. Na primeira, o uruguaio centrou para Schiaffino marcar aos 20 minutos do segundo tempo. Na segunda, já aos 34 minutos, o goleiro Barbosa preparou-se para defender, acreditando na repetição da jogada, mas Ghiggia, em vez de cruzar, bateu direto e marcou. (Ver ainda Ghiggia e Schiaffino.)

Garrincha: Manoel Francisco dos Santos, "Mané Garrincha", considerado o melhor ponta-direita de todos os tempos, imbatível nos dribles, nasceu em Pau Grande, distrito de Magé (RJ) em 28/10/1933 e faleceu em 20/01/1983, mergulhado na pobreza. Com a perna esquerda 6 centímetros mais curta que a direita, e ambas tortas, teve longa carreira no Botafogo (1953-1965) e defendeu a Seleção Brasileira de 1957 a 1966. Seu desempenho foi fundamental na conquista da vitória nas Copas de 1958, na Suécia, e na de 1962, no Chile. Participou também da competição de 1966, em que uma preparação desastrosa levou o Brasil a ser eliminado ainda na primeira fase. Já com problemas no joelho, teve curtas passagens por outros times, como Corinthians, Flamengo, Olaria e Atlético Júnior da Colômbia. No Vasco, que pretendia comprar seu passe, disputou uma única partida, sendo devolvido ao Corinthians por sua má condição física. Jogou profissionalmente até 1972 e, entre 1974 e 1982, participou do Milionários, time que reunia jogadores veteranos e fazia apresentações pelo Brasil. Além do apelido com que se tornou conhecido, proveniente do nome de um pássaro, era chamado também de "Anjo das pernas tortas", devido a um poema com esse título escrito em sua homenagem por Vinicius de Moraes. Foi biografado por Ruy Castro no livro *Estrela solitária: um brasileiro chamado Garrincha* (1995), que foi base para o filme *Garrincha: estrela solitária* (2003), de Milton Alencar Júnior. É tema ainda de um clássico do cinema documentário brasileiro, *Garrincha: alegria do povo* (1962), de Joaquim Pedro de Andrade.

Gentile: Claudio Gentile, considerado um dos melhores defensores do futebol italiano, nasceu em Trípoli, na Líbia, em 27/9/1953, naturalizando-se italiano. Inicia-se na Associação Esportiva Varese em 1970 e, depois de passar uma temporada na Arona, vai para a Juventus, na qual permanece durante uma década. No período, defendeu as cores da Itália nas Copas de 1978 e de 1982. Nesta, que foi uma campanha gloriosa para a Azzurra, marcou implacavelmente o jogador brasileiro Zico. Jogou na Fiorentina no período 1984-1987 e encerrou a carreira em 1988 no Piacenza. Passa então a atuar como técnico. De 2000 a 2006, dirigiu a Seleção Italiana Sub-21, com a qual obteve expressivas vitórias, inclusive a medalha de bronze das Olimpíadas de Atenas em 2004.

Ghiggia: Alcides Edgardo Ghiggia, nascido em 22/12/1926 em Montevidéu, Uruguai, tendo jogado no Sudamérica (1944-1946) e no Peñarol (1948-1952), com passagem anterior pelo Atlanta da Argentina. Ala-direita extremamente veloz, o atacante penetrava na área adversária para cruzar ou chutar a gol. Autor do gol que garantiu a vitória da Seleção do Uruguai por 2 a 1 na Copa do Mundo de 1950 em pleno Maracanã, no Rio de Janeiro. O episódio ficou conhecido como "Maracanazo". Depois disso, foi jogar na Itália, contratado pela Roma (1952-1961) e pelo Milan (1962-1964). De volta ao Uruguai, jogou de novo no Sudamérica e no Danúbio, encerrando a carreira em 1968, com 42 anos.

Gilmar: Gylmar dos Santos Neves, "Girafa", um dos melhores goleiros da história do futebol brasileiro, nasceu em 22/8/1930 em Santos (SP) e faleceu em São Paulo, em 25/8/2013. Tendo começado sua carreira no Jabaquara (SP), em 1951, sua estrela brilhou no Corinthians (1951-1961) e no Santos (1962-1969). Na Seleção Brasileira, foi bicampeão mundial, com atuações decisivas nas Copas de 1958 e 1962, tendo acompanhado a frustrante campanha da Copa de 1966 na Inglaterra. Encerrou a atuação no futebol em 1969, passando a operar uma agência de veículos em São Paulo.

Jules Rimet: dirigente futebolístico nascido na França em 14/10/1873, faleceu em 16/10/1956. Fundou e presidiu o clube Red Star, de Paris. Foi herói na Primeira Guerra Mundial, ao fim da qual assumiu a presidência da Federação Francesa de Futebol (1919-1945). Em 1904, já havia participado da fundação da Federação Internacional de Futebol (Fifa), por ele presidida num mandato recordista de 33 anos (1921-1954). Trabalhou para que o futebol fosse considerado modalidade olímpica. Sonhando com um evento futebolístico que pudesse reunir todas as nações da Terra, concebeu e realizou o Campeonato Mundial de Futebol, cuja primeira versão ocorreu em 1930 no Uruguai. Em sua homenagem, o troféu — que permanecia quatro anos em poder da seleção nacional vencedora dos jogos, até o próximo evento —, foi batizado com seu nome. Em 1970, quando o Brasil se tornou tricampeão mundial, ficou em definitivo com a Taça Jules Rimet. (Ver também Taça Jules Rimet e Copa do Mundo.)

Kopa: Raymond Kopaszewski, "Napoleão", "Koppita" para os madrilenhos, nascido em Noeux-les-Mines, França, em 13/10/1931. Meio-campista e meia-atacante altamente técnico, célebre por seus passes imprevisíveis e perfeitos. Filho de um mineiro polonês, ele próprio trabalhou em mina desde a adolescência, tendo perdido um dedo nessa atividade. Superdotado para o futebol, entusiasmava torcedores no time de sua cidade natal até ser notado no Concurso Jovem Futebolista de 1949, como segundo colocado entre mais de 70 concorrentes. Em consequência, foi contratado pelo Angers e logo transferido para o Stade Reims, no qual colecionou títulos com um futebol brilhante, de muitos gols. Começou a jogar pela Seleção da França em 1952, e, em 1954, participou da Copa do Mundo da Suíça. As grandes atuações de Kopa chamam a atenção dos maiores clubes europeus. Uma oferta irrecusável do Real Madrid o levou para a Espanha (1956-1959) em vez de para a Itália, do Milan. Foi eleito o melhor jogador da Copa do Mundo da Suécia, em 1958, e ajudou a Seleção Francesa a conquistar o terceiro lugar. Voltou ao Stade Reims (1959-1967), no qual se aposentou. Kopa, em cuja carreira só faltou um título mundial, é considerado um dos maiores jogadores de todos os tempos da França. Desempenhou também papel central na defesa dos direitos dos jogadores, lutando com outro grande campeão, Just Fontaine, pelos contratos por tempo limitado, pois, até os anos 1960, os atletas eram propriedade dos clubes por toda a vida — "Os futebolistas são escravos", ele dizia. A partir dessa mobilização, formou-se um sindicato, hoje denominado União Nacional dos

Futebolistas Profissionais (UNFP). Vários livros foram escritos sobre ele. O último é a autobiografia *Kopa par Raymond Kopa* ("Kopa por Raymond Kopa"), lançado em 2006.

lençol: lance no qual o jogador chuta a bola para encobrir o adversário e vai alcançá-la mais adiante. Assim, a bola passa por cima do adversário, cobrindo-o como se fosse um lençol. Também chamado de "chapéu" e "balãozinho".

Leônidas: Leônidas da Silva, "Diamante Negro", "Homem-borracha", craque dos anos 1930 e 1940 do futebol brasileiro. Natural do Rio de Janeiro (RJ), onde nasceu em 6/9/1913, passou muitos anos internado com mal de Alzheimer, vindo a falecer em 24/1/2004. Passou por Bonsucesso, Peñarol (Uruguai), Vasco e Botafogo antes de brilhar no Flamengo, no São Paulo e na Seleção Brasileira, pela qual participou das Copas de 1934 e 1938. Nesta última, além de ter sido o artilheiro, foi eleito o melhor jogador do certame. Eficiente goleador, é considerado o inventor do gol de bicicleta (ver bicicleta) e tido como o primeiro da linhagem dos heróis nacionais do futebol do Brasil. Foi ainda comentarista esportivo, atividade que precisou abandonar quando a doença começou a afetar a sua memória.

Masopust: Josef Masopust, nascido em 9/2/1931 na aldeia boêmia de Strimice, da antiga Checoslováquia (República Checa desde 1993). Interessado por futebol desde pequeno, aos 19 anos assinou com o FK Teplice para jogar como meia-esquerda. Dois anos depois, atuava como médio-volante no melhor time do país, o Dukla Praga, no qual conquistou oito campeonatos nacionais. Servindo à Seleção da Checoslováquia, disputou a Copa do Mundo de 1958 e, em 1960, conquistou o terceiro lugar na Copa da Europa. Em 1962, na Copa do Mundo do Chile, disputou a final com o Brasil, tendo marcado o gol de sua seleção, que saiu vice-campeã do estádio de Santiago. Meses depois, ganhou a Bola de Ouro como melhor jogador da Europa de 1962. Robusto, bom nos passes e no comando do time, Masopust teve a carreira prejudicada pelo regime comunista, que o impediu de jogar no exterior. Tinha 37 anos quando conseguiu trabalhar em outro país: foi jogador-treinador do Molenbek, da Bélgica. Ao voltar para a Checoslováquia, foi treinador do Dukla e do Zbrojovka Brno, além de comandar a Seleção Checa entre 1984 e 1987. Por ocasião do jubileu da União Europeia de Futebol (Uefa), foi apontado como o melhor futebolista da República Checa.

matada no peito: ver matar.

matar: receber a bola no peito para cortar a velocidade de sua trajetória e poder dominá-la, partindo para o jogo a seguir; matar no peito. Matar pode ter também o significado de atingir o adversário com violência.

Neymar: Em cinco anos como jogador profissional, ele acumulou 58 troféus entre premiações coletivas e individuais. De Revelação do Campeonato Paulista de

2009 a Campeão da Supercopa da Espanha e da Copa das Confederações, em 2013, Neymar da Silva Santos Júnior, que se apresenta em seu *site* oficial como Neymar Jr., chegou aos 21 anos vestindo a camisa 10 da Seleção e confirmando a promessa de ser o maior e mais talentoso jogador da atual geração do futebol brasileiro. Nascido em Mogi das Cruzes (SP) em 5/2/1992, ele começou a brilhar nas quadras de futebol de salão em São Vicente (SP) já em 1968 e com 11 anos, por causa dos jogos regionais, atraiu atenções e foi parar no Santos Futebol Clube, onde, com técnica, foram aperfeiçoados seus dons naturais de velocidade e agilidade. Ganhava um pequeno salário, era tratado como joia rara por treinadores e dirigentes e tornou-se assunto da mídia. Aos 14 anos, quase foi transferido para o futebol espanhol, não fosse o Santos oferecer-lhe 1 milhão de reais para que permanecesse nas categorias de base do clube e lá estreasse como profissional. O Real Madrid achou muito por um jogador adolescente. Neymar estreou no "Peixe" aos 17 anos, em 2009, virando sucesso instantâneo de crítica, de público e de marketing, como garoto-propaganda de grandes marcas. Goleador nato e generoso assistente, com extraordinária visão de jogo, ele é considerado o maior da Era pós-Pelé com seu futebol alegre e virtuosístico. Transferiu-se em maio de 2013 para o Barcelona pelo valor confirmado de 57 milhões de euros. No Campo Nou, como símbolo do futebol global de celebridades, Neymar foi recepcionado por 56 mil torcedores, novo recorde do time catalão.

Obdulio Varela: Obdulio Jacinto Muiños Varela, "Negro Jefe" ("Chefe Negro"). Nasceu em Paysandú, Uruguai, em 20/9/1917 e faleceu em 2/8/1996. Mulato de origem humilde, iniciou-se no Juventud em 1937, passando logo para o Club Wanderers, no qual se destacou pela eficiência como meio-campista defensivo e por suas qualidades de liderança. Em 1939, foi convocado pela primeira vez para a Seleção Uruguaia; chegou ao Peñarol em 1943. Sagrou-se seis vezes campeão nacional entre 1944 e 1954. Foi o capitão da Celeste na Copa de 1950, sediada pelo Brasil. Dois gestos de Varela no campo do Maracanã teriam garantido a virada do Uruguai no segundo tempo da partida contra a Seleção Brasileira. O primeiro foi um tranco dado no defensor Bigode, sinal de que deveria parar com as entradas brutas. O segundo, logo após o gol do Brasil, foi um longo e lento passeio feito com a bola embaixo do braço, o que esfriou os ânimos brasileiros e recompôs o dos uruguaios. Depois de levantar a Taça Jules Rimet em 1950, consequência da vitória por 2 a 1, Varela disputou o Mundial da Suíça em 1954. Embora fosse considerado um dos maiores heróis do futebol uruguaio, morreu como viveu: na pobreza.

Pelé: Edson Arantes do Nascimento, "O Rei", nascido em Três Corações (MG) em 23/10/1940, foi eleito "Atleta do Século" em 1981 pelo jornal francês *L'Équipe* e também em 1999, por votação internacional de todos os comitês olímpicos nacionais, abrangendo todas as modalidades esportivas. Em 2000, na eleição do Melhor Jogador do Século realizada pela Federação Internacional de Futebol (Fifa), foi aclamado como o melhor de todos os tempos, à frente do craque argentino Diego Maradona. Pelé iniciou a carreira em 1956, no Santos (SP), onde vestiu a camisa 10 e atuou como meia-esquerda entre 1956 e 1974. Ao deixar o clube, foi para o Cosmos de Nova York (1975-1977), com o objetivo de ajudar a divulgar o futebol nos Estados Unidos. Defendeu as cores do Brasil nas Copas de 1958, 1962, 1966 e 1970, sagrando-se tricampeão mundial. "O Rei", assim apelidado pela imprensa francesa, além de aperfeiçoar jogadas tradicionais do futebol, como a cabeçada fulminante; o chute seco, violento e preciso; a paradinha maliciosa na cobrança do pênalti; a sequência de dribles rasteiros e pelo alto, também criou muitas jogadas — entre elas, o chute a gol do meio do campo, a tabela usando as pernas do adversário e o drible sem bola no goleiro. Formado em educação física em 1974, Pelé foi ministro dos Esportes do primeiro governo Fernando Henrique entre 1995 e 1998, período em que criou a "Lei Pelé" (Lei nº 9.615/1998). Com a intenção de modernizar o futebol no país, transformando os clubes em empresas, a lei é criticada pelos grandes clubes, pois teria facilitado a saída de jogadores para o exterior. Maior artilheiro da história do futebol profissional, com 1.199 gols contabilizados, Pelé participou do documentário *Pelé eterno* (2004), de Aníbal Massaini Neto, que não mostra os 1.284 gols marcados pelo Rei, mas apresenta alguns dos mais belos, além de dribles e lances famosos. Depois de Pelé, a camisa 10 de todos os times do mundo é vestida pelo melhor jogador da equipe.

Piantoni: Roger Piantoni, "Bout d'chou" ("Pim-polho"), neto de italiano, nasceu em Étain, França, e começou a jogar em Piennes. Como profissional, foi atacante do Nancy (1950-1957) e depois do Stade Reims (1957-1964), no qual, fazendo dupla com Just Fontaine, foi campeão nacional em 1958, 1960 e 1962, e vice da Copa dos Campeões da Europa, atrás do Real Madrid de Raymond Kopa, em 1959. Não pôde jogar a Copa de 1954 devido a uma lesão, mas atuou na Copa do Mundo da Suécia, em 1958 — primeiro grande momento da França no certame —, ficando em terceiro lugar. De 1964 a 1966, jogando no Nice, ainda pôde mostrar o poderoso chute de esquerda que o distinguia como artilheiro, mas teve de encerrar precocemente a carreira por causa de uma lesão no joelho. Teve sua história contada em *Piantoni: Roger-la-classe* ("Piantoni: Roger estiloso"), 2003, de Nathalie Milion.

Platini: Michel François Platini, "Platoche", "Le Roi" ("O Rei"), neto de um pedreiro italiano, nasceu em 21/6/1955, em Joeuf, França, onde começou como juvenil no período 1966-1972 e aprendeu muito com seu pai, também jogador e treinador. Contratado pelo Nancy (1972-1979), passou ainda pelo Saint-Étienne (1979-1982) e pela Juventus de Turim (1982-1987). Entre 1976 e 1987, serviu à Seleção da França como meia-armador, distinguindo-se por sua liderança — portou a braçadeira de capitão em cinquenta jogos, inclusive na conquista da Copa da Europa de 1984 — e ainda pela precisão de seus passes e habilidade nas cobranças de faltas. Participou das Copas de 1978, 1982 e 1986 — nas duas últimas, a França conquistou o quarto e o terceiro lugar, respectivamente. Fez parte do "Quadrado Mágico", alma da Seleção Francesa na década de 1980, com os jogadores Giresse, Fernandez e Tigana. Platini recebeu o Balão de Ouro, prêmio atribuído pela revista *France Football* ao melhor jogador do ano, por três anos consecutivos (1983, 1984, 1985). Aposentou-se na Juventus em 1987. Entre 1988 e 1992, não obteve grande sucesso como técnico da Seleção Francesa, iniciando no mesmo período sua atuação em comitês de organismos internacionais de futebol — a União Europeia de Futebol (Uefa) e a Federação Internacional de Futebol (Fifa). Em 1998, copresidiu o comitê de organização da Copa do Mundo da França e viu o time da casa conquistar seu primeiro título no certame, vencendo o Brasil no Stade de France por 3x0. Em janeiro de 2007, assumiu a presidência da União Europeia de Futebol (Uefa), com a promessa de combater a violência, o racismo, o doping e negócios duvidosos ligados às apostas e à venda de jogadores. É um dos vice-presidentes da Fifa e possível candidato à presidência da entidade nas eleições de 2015.

Popluhár: Ján Popluhár, nascido em 12/9/1935 na capital eslovaca, Bratislava, e faleceu na mesma cidade em 6/3/2011. Foi eleito o melhor jogador da Eslováquia nas comemorações do Jubileu da União Europeia de Futebol (Uefa). Iniciou sua carreira no juvenil do RH

Brno, mas ganhou fama na equipe do Slovan Bratislava, no qual jogou por 15 temporadas. Apelidado de "Bimbo" (ingênuo) por seu treinador, ficou conhecido por seu extremo cavalheirismo — por exemplo, quando se recusou a tirar vantagem de Pelé, machucado na partida contra a então Checoslováquia na Copa de 1962. Pelo gesto, ganhou o troféu "World Fair Play" em 1997. Jogou duas temporadas no Olympique de Lyon, na França, e se tornou jogador-treinador do Slovan Viena, no qual se aposentou aos 44 anos, em 1979. Depois de alguns reveses financeiros e de saúde, voltou ao mundo do esporte, trabalhando na Federação Eslovaca de Futebol (SFS). (Ver também Masopust.)

Raí: Raí Souza Vieira de Oliveira nasceu em 15/5/1965 em Ribeirão Preto (SP), onde se lançou profissionalmente no time local em 1985. Teve boa passagem pela Ponte Preta de Campinas (SP), embora marcada por muitas contusões, antes de voltar ao Botafogo de Ribeirão e se destacar no Campeonato Paulista de 1987. No mesmo ano, Corinthians e São Paulo reviveram, então com o "irmão do Doutor", a disputa que haviam feito pelo passe de Sócrates: desta vez, o tricolor levou a melhor. Raí se estabeleceu no time titular dois anos depois, sob a direção do técnico Telê Santana. Transformado em ídolo da torcida são-paulina e com campeonatos importantes conquistados, inclusive o tetra na Copa do Mundo de 1994, o meia se transferiu para o futebol francês, onde também obteve sucesso no Paris Saint-Germain. De volta ao São Paulo em 1998, encerrou a carreira dois anos depois. Raí se associou ao também jogador Leonardo para fundar o Projeto Gol de Letra, que cuida de crianças carentes na capital paulista.

Rivelino: Roberto Rivellino, nascido em São Paulo (SP) em 1/1/1946, começou a carreira jogando futsal, formatando nas quadras os dribles curtos e rápidos que o caracterizariam no futebol de campo. Jogou no Clube Atlético Indiano da capital e tornou-se um dos maiores ídolos da história do Corinthians (SP), embora não tenha conseguido conquistar títulos importantes pelo clube. Foi negociado com o Fluminense (RJ) após a perda do Campeonato Paulista de 1974. Destacou-se como titular da Seleção Brasileira tricampeã mundial na Copa de 1970 no México, com seus potentes chutes de esquerda, e conquistou também a Minicopa, torneio de seleções organizado para comemorar o Sesquicentenário da Independência do Brasil, em 1972. Jogou ainda pela Seleção Canarinho em 1974 e 1978, quando perdeu a posição de titular para o meia-esquerda Dirceu. No Fluminense, estreou em 1975 com goleada — três gols na vitória de seu time por 4 a 1 — e conquistou a Taça Guanabara e o Campeonato Carioca do mesmo ano, o que acabou com a fama de "pé-frio" trazida do Corinthians. Permaneceu no Fluminense até 1978, quando foi vendido para um clube da Arábia Saudita, o Helal, pelo qual foi campeão da Copa do Rei e bicampeão nacional. Apesar do desejo de voltar ao Brasil, não foi liberado pelo clube e resolveu deixar os gramados precocemente, em 1981, aos 35 anos. Tornou-se comentarista esportivo a partir da década de 1990. Em 2003, teve passagem curta como diretor técnico do Corinthians. Idealizou e dirige, em São Paulo, o Rivellino Sport Center, uma escolinha de futebol e centro de eventos.

Robinho: De compleição franzina e tendo mostrado competência com a bola no pé desde criança, era natural que Robson de Souza ganhasse o apelido de Robinho. Nascido em São Vicente (SP) em 25/1/1984, ele jogou futsal desde os 6 anos antes de integrar as categorias de base do Santos Futebol Clube, com supervisão e estímulo de Pelé, a partir de 1996. Estreou como profissional aos 18 anos, participando da conquista do Campeonato Brasileiro de 2002, que o Santos almejava havia 18 anos. Em 2004, o atacante foi bicampeão brasileiro pelo Santos, marcando 21 gols em 37 partidas e entrando para a galeria dos grandes craques do time. Costuma ser chamado de "Rei da Pedalada", devido ao seu controle da bola durante a corrida, na qual desnorteia o adversário com dribles sucessivos. Já na fase das contratações milionárias do futebol globalizado, foi em 2005 para a Europa, onde jogou no Real Madrid e no Manchester City. Voltou emprestado para o Santos em 2010, quando, como capitão, levou o time a reconquistar seu antigo brilho. Disputou a Copa do Mundo de 2006 e a de 2010. Desde então, atua no Milan. Afastado dos campos em 2011 devido a uma lesão, o Camisa 7 participou de todas as partidas de treinamento para a Copa de 2014 durante a era Mano Menezes. Aos 29 anos, com quase cem jogos pela Seleção, temperamento jovial e grande capacidade de motivar, Robinho deverá ter posição garantida no ataque do técnico Luiz Felipe Scolari, o Felipão.

Rossi: Paolo Rossi, "Pablito" para os argentinos, nascido em Santa Lucia di Prato, Itália, em 23/9/1956, foi o carrasco do Brasil na Copa do Mundo de 1982, na Espanha, ao marcar os três gols da vitória da Seleção Italiana (3 a 2). Descoberto muito jovem pela Juventus de Turim, o atacante iniciou a carreira emprestado ao Como, ao Vicenza e ao Perugia. Em 1978, defendeu a Squadra Azzurra na Copa da Argentina — onde ganhou o apelido de Pablito — e no ano seguinte passou a jogar pela Juventus. Suspenso por dois anos sob acusação de envolvimento em apostas clandestinas na loteria esportiva italiana, retornou aos campos às vésperas da Copa de 1982. Sagrou-se artilheiro da competição ao ajudar a Itália a conquistar o tricampeonato mundial. Em 1986, no México, ficou na reserva. Jogou ainda no Milan e no Verona, onde se aposentou em 1987, devido a problemas no joelho. Em 2002, lançou a autobiografia intitulada *Ho fatto piangere il Brasile* ("Fiz o Brasil chorar"). Tornou-se comentarista esportivo e é embaixador da Organização das Nações Unidas (ONU) na campanha Futebol Profissional contra a Fome.

Schiaffino: Juan Alberto Schiaffino, "Pepe", nascido em Montevidéu em 28/7/1925 e falecido em 13/11/2002. Atacante do Peñarol, marcou o primeiro gol do Uruguai na final da Copa do Mundo de 1950, realizada no Brasil. Depois da quarta colocação da Seleção Uruguaia no Mundial de 1954, foi para a Itália defender o Milan. Gozando de dupla nacionalidade, disputou quatro partidas pela Seleção Italiana. Encerrou a carreira no Roma. De volta ao Uruguai, lançou-se como treinador e chegou a dirigir a Seleção Celeste. Deixou o futebol para trabalhar no ramo imobiliário.

Sócrates: Sócrates Brasileiro Sampaio de Souza Vieira de Oliveira, "Doutor", "Magrão", nasceu em Belém (PA) em 19/2/1954 e faleceu em São Paulo, em 4/12/2011. Meia-direita, iniciou a carreira em 1974 no Botafogo de Ribeirão Preto (SP), cidade para onde sua família havia se deslocado nos anos 1960 e onde fez sua formação em medicina. Foi três vezes campeão paulista pelo Corinthians (1979, 1982 e 1983). Defendeu o Brasil nas Copas de 1982 e 1986, e a Fiorentina na temporada 1984-1985. De volta ao Brasil, atuou pelo Flamengo (RJ) e teve a carreira atrapalhada por várias contusões. Após um ano parado, em recuperação, transferiu-se para o Santos (SP), onde ficou por apenas um ano. Aos 35 anos, encerrou a carreira no mesmo time em que começou, enquanto via subir a estrela de seu irmão Raí como craque do São Paulo (ver Raí). Nos times pelos quais passou, Sócrates se destacou pela liderança dentro e fora do campo. Foi o mentor da famosa "Democracia Corinthiana", movimento dos jogadores, que, em plena ditadura militar, defendia a liberdade fora dos gramados e reivindicava a participação dos atletas nas decisões do clube relacionadas ao futebol. Sócrates também atuou como técnico de futebol, articulista e comentarista esportivo, além de fazer música e ocasionalmente trabalhar como ator e produtor de teatro.

tabelinha: lance em que dois ou mais jogadores trocam passes enquanto correm.

Taça Jules Rimet: denominação dada em 1946 ao troféu de premiação ao time vencedor do Campeonato Mundial de Futebol — ou Copa do Mundo da Fifa —, que reúne seleções nacionais de futebol de quatro em quatro anos. Inicialmente, chamava-se simplesmente *Coupe du Monde* (Copa do Mundo). Conquistada por Uruguai (1930 e 1950), Itália (1934 e 1938), Alemanha (1954) e Inglaterra (1966), passou em definitivo para o Brasil depois do tricampeonato (1958, 1962 e 1970). Em 1966, a taça ficou uma semana desaparecida em Londres, surrupiada de uma exposição e encontrada por um cachorrinho num jardim da capital inglesa. No Brasil, foi roubada em 20 de dezembro de 1983 da sede da Confederação Brasileira de Futebol (CBF), onde permanecia exposta. Segundo noticiário da imprensa, acabou derretida para venda do ouro. A CBF detém uma réplica, com 1,875 quilo de ouro, feita em 1986 e oferecida pela Fifa ao Brasil.

Tigana: Jean Amadou Tigana, nascido em Bamako, Mali, em 23/6/1955, chegou à França com 3 anos, após a família se mudar para Marselha. Defendeu as equipes da Associação Esportiva do Correio local (ASPTT Marseille), do Les Caillols e do Cassis antes de estrear profissionalmente aos 20 anos no Sporting Toulon (1975-1978). Jogou no Lyon, no Bordeaux — onde conquistaria títulos de expressão — e no Olympique de Marseille (1989-1991). Reconhecido como meio-campista habilidoso e muito técnico, além de lutador incansável, passou a representar a França em partidas internacionais em 1980. Destacou-se na Copa de 1982, apesar da eliminação da Seleção Francesa pela Alemanha nas semifinais em partida decidida nos pênaltis. Na semifinal da Eurocopa de 1984, contra Portugal, presenteou Platini nos últimos segundos da prorrogação com um passe primoroso. O gol e a classificação levaram a imprensa a criar a expressão "Quadrado Mágico" para designar os quatro atletas fundamentais do time — Platini, Tigana, Giresse (seu companheiro no Bordeaux) e Fernandez. Em 1986, Tigana decide deixar a Seleção Francesa, terceira colocada na Copa daquele ano. Persuadido por Platini, voltou em 1990 para disputar uma partida contra a Iugoslávia. Tigana encerrou a carreira no Olympique de Marseille, após conquistar mais dois campeonatos nacionais. Como treinador, assumiu o Olympique de Lyon, em 1993, e comandou Mônaco, Fulham, Besiktas, Bordeaux e Shanghai Shenhua.

Tostão: Eduardo Gonçalves de Andrade, "Mineirinho de Ouro", nasceu em 25/1/1947 em Belo Horizonte (MG) e iniciou a carreira jogando futsal no Cruzeiro (MG) em 1961. No ano seguinte, com apenas 15 anos, foi para a equipe juvenil de futebol de campo do clube. Depois de passar um ano no América Mineiro, voltou ao Cruzeiro em 1963. Era o início de sua projeção como jogador de grande talento, capaz de atuar com eficiência no meio de campo, como armador de jogadas para os atacantes, e também como goleador, sendo o maior artilheiro da história do Cruzeiro. Estreou em Copas do Mundo em 1966, na Inglaterra. Sofreu descolamento de retina em 1969 — o que não o impediu de integrar o mitológico ataque da Seleção Brasileira que conquistou o tricampeonato mundial em 1970, no México. No mesmo ano, foi personagem do filme documentário *Tostão: a fera de ouro*, dirigido por Paulo Laender e Ricardo Gomes Leite. Em 1972, transferiu-se para o Vasco (RJ) na maior transação envolvendo clubes brasileiros até então. Fez parte da equipe que conquistou para o Brasil a Minicopa — campeonato de seleções organizado para as comemorações do Sesquicentenário da Independência do país. Logo depois, voltando a sentir as consequências do acidente ocular, ficou vários meses em tratamento e, sob risco de ficar cego, abandonou o futebol no início de 1974. Entrou para a Escola de Medicina da Universidade Federal de Minas Gerais (UFMG), pela qual se formou em 1981, trabalhou em hospitais e lecionou na Faculdade de Ciências Médicas de Belo Horizonte. Nos anos 1990, depois de um longo retiro do futebol, tornou-se comentarista esportivo e passou a assinar colunas em jornais e revistas. Em 1997, lançou o livro *Tostão: lembranças, opiniões e reflexões sobre futebol.*

Tricampeonato: título obtido pela Seleção Brasileira na Copa do Mundo de 1970, no México, ocasião em que três equipes — Itália, Uruguai e Brasil — disputavam a posse definitiva da Taça Jules Rimet. A equipe brasileira, com suas respectivas camisas: 1 Félix, 2 Brito, 3 Piazza, 4 Carlos Alberto, 5 Clodoaldo, 6 Marco Antônio, 7 Jairzinho, 8 Gérson, 9 Tostão, 10 Pelé, 11 Rivelino, 12 Ado, 13 Roberto "Vendaval", 14 Baldocchi, 15 Fontana, 16 Everaldo, 17 Joel, 18 Paulo César, 19 Edu, 20 Dario, 21 Zé Maria, 22 Leão, e Mário Jorge Lobo Zagallo como técnico.

Zico: Arthur Antunes Coimbra, "Galinho", "God Soccer" ("Deus do Futebol"), nascido em 3/3/1953, em Quintino, subúrbio do Rio de Janeiro, irmão dos também craques Antunes e Edu do América (RJ). É considerado pelos especialistas o maior jogador brasileiro depois de Pelé e Garrincha. Ícone da geração de 1980 e adorado pelos torcedores do Flamengo (RJ), no qual atuou entre 1967 e 1989 e conquistou quatro vezes o título nacional (1980, 1982, 1983 e 1987), além da Taça Libertadores da América e do Mundial Interclubes, ambos em 1981. Ainda menino, destacou-se como jogador de futsal e transferiu-se para a escolinha de futebol de campo do Flamengo aos 14 anos, em 1967. Estreou profissionalmente em 1971 e se firmou a partir de 1974, após passar por intensa preparação física, pois era muito franzino — de onde o apelido de "Galinho de Quintino". Atuou pela Seleção Brasileira de Futebol de 1976 a 1986. Disputou a Copa do Mundo de 1978 — a célebre campanha da Argentina, na qual o Brasil ficou em terceiro sem perder nenhuma partida —, mas se contundiu logo no início da competição. Jogou também as Copas de 1982 e 1986 — nesta, viu o goleiro da Seleção Francesa defender seu pênalti no tempo normal de jogo. Na disputa de pênaltis, a Seleção Brasileira foi desclassificada nas quartas de final por 4 a 3 (Platini, pela França, Sócrates e Júlio César, pelo Brasil, erraram suas cobranças). Na Itália, tornou-se ídolo do Udinese após ter seu passe comprado por 4 milhões de dólares — a maior contratação até então do futebol italiano. Segundo pesquisa de 2006 realizada pelo jornal *La Repubblica*, é o mais célebre dos jogadores brasileiros que passaram pelo futebol italiano. Voltou ao Flamengo em 1985, mas no mesmo ano sofreu contusão que o tirou dos campos. Foi Secretário Nacional de Esportes do governo Collor entre 1990 e 1991, quando recomeçou a jogar — agora no Japão, pelo Kashima Antlers, no qual ficou até 1994. Em 1998, foi auxiliar técnico do selecionado brasileiro na Copa do Mundo da França. Considerado um dos elementos-chave para a popularização do futebol no Japão, onde lhe deram o apelido de "Deus do Futebol", assumiu a Seleção Japonesa, conquistou o Campeonato da Ásia em 2004-2005 e levou o Japão à Copa do Mundo de 2006. Foi técnico do Fenerbahçe da Turquia, do Bunyodkor do Uzbequistão, do CSKA de Moscou, do Olympiakos da Grécia e da Seleção Iraquiana de Futebol, da qual migrou em 2013 para o Al-Gharafa do Catar. Em sua enorme coleção de títulos, encontram-se o de maior vencedor de todos os tempos do prêmio Bola de Prata/Bola de Ouro da Revista *Placar* e o de maior artilheiro de todos os tempos do Estádio Mário Filho (Maracanã).

Zito: José Ely de Miranda, nascido em Roseira (SP) em 8/8/1932, é um dos nomes mais lembrados do futebol brasileiro, embora tenha deixado os campos em 1968. Iniciou a carreira no Taubaté (SP) e foi contratado em 1952 pelo Santos (SP), no qual jogou até se aposentar. Passou três anos no banco, como reserva do volante Formiga, e seu primeiro troféu foi o do Campeonato Paulista de 1955. Tornou-se titular no ano seguinte — um reconhecimento por seus passes apurados. Por suas qualidades de liderança, recebeu dos companheiros o apelido de "Gerente" e a faixa de capitão do time, que comandou em seu período áureo, com estrelas como Pelé, Pepe, Coutinho e Durval. Ganhou o bicampeonato estadual em 1956 e voltou a ser campeão em 1958, 1960, 1961, 1962, 1964, 1965 e 1967. Conquistou a Taça Libertadores e o Mundial Interclubes em 1962 e 1963. Segundo especialistas, formou com Didi o mais harmonioso meio-campo que já vestiu a camisa amarela, conquistando as Copas do Mundo de 1958 e 1962. Jogou ainda a Copa de 1966 na Inglaterra. Depois de pendurar as chuteiras, tornou-se dirigente do Santos e colaborou para a formação das novas gerações da equipe.

Zizinho: Tomás Soares da Silva, "Mestre Ziza", considerado um dos maiores craques do futebol brasileiro, nasceu em 14/9/1921 em São Gonçalo (RJ) e morreu no dia 8/2/2002. Meia-direita, jogou no Flamengo (1939-1950), no qual conquistou o tricampeonato estadual (1942, 1943 e 1944), além do Campeonato Carioca de 1939, no Bangu (1951-1957) e depois se transferiu para o São Paulo, onde foi ídolo até 1958, tendo conquistado o título de campeão paulista em 1957. Jogou na Seleção Brasileira de 1947 a 1957, tendo participado da Copa de 1950, ocasião em que ficou com o título de vice-campeão do mundo. Foi dono absoluto da camisa 10 nessa década. Era o ídolo de Pelé.

CONTRA O TABU DA BOLA

Edilberto Coutinho

Boa de catimba, em ousados jogos dc cintura linguístico-psicanalíticos, Betty Milan dá um olé nos preconceitos que fazem alguns intelectuais mais obtusa e convencionalmente formais desprezarem o futebol — apesar de toda a beleza do espetáculo e de sua forte carga emocional, permanente fonte de drama —, ajudando com este *O país da bola* a esfacelar o empedernido silêncio, tão (no mínimo) curioso, se pensarmos em termos de literatura brasileira.

Quem terá feito do futebol tema-tabu para quase todos os nossos maiores ficcionistas e poetas? As notáveis exceções de sempre, na ficção de um Ruben Fonseca e um José Lins do Rego, na poesia de um Carlos Drummond de Andrade e de um João Cabral de Mello Neto, devendo a maioria, possivelmente, pensar que não se fala disso em arte, como se pudesse explicar tal desprezo de um século por um esporte-arte-paixão-quase-religião que, há cerca de um século (oficialmente introduzido em 15/4/1895), eleva e consome o povo brasileiro.

Com a maricota rolando redonda, Betty Milan mostra que, embora sirva para mobilizar — e imobilizar

— multidões, a serviço dos poderosos do dia (seja na Itália de Benito Mussolini ou no Brasil de Emílio Médici), no futebol termina prevalecendo o lado lúdico, o jogo em sua beleza e emoção inesquecíveis quando praticado por um Fried (El Tigre) e um Fausto (Maravilha Negra), um Leônidas da Silva, um Ademir e um Zizinho ou, mais perto, agora, de nossos 6 milhões de votos-16 (Lula-lá), de um Garrincha e de um Pelé, de um Roberto e de um Zico ou de um Falcão.

A reflexão sociológica (e mesmo filosófica) de Betty Milan mostra, à maravilha, que o futebol não serve somente para fazer vibrar as almas frustradas e os sem-cultura (que cultura é essa que não assume sua raiz mais legítima?). Bola no centro do campo, Betty Milan expõe um tema fascinante à espera de um maior número de poetas e ficcionistas, em busca de situações dramáticas e — por que não? — de comédia e até de farsa.

O futebol aportou aqui elitista e racista, cheio de nove-horas e de não me toques, prática proibida para pretos, mulatos e brancos pobres. Durou décadas até chegar ao povo e engrandecer-se. Virou loucura coletiva e religiosidade popular, como aconteceria também ao carnaval: complexos culturais com a marca morena do brasileiro, da mulatice brasileira, dizimando o tédio que era o jogo praticado pelos duros de cintura da chamada "loira Ilha de Albion" (Monteiro Lobato, peladeiro dos anos 10). Leônidas é dos que vão criar a fama internacional do novo futebol. E um dos que deram bons subsídios a Betty Milan. Como Fausto, Fried, Ademir e

Zizinho, não ganhou nenhuma Copa do Mundo (embora tenha sido considerado o melhor da Copa de 38, jogada na França, mas servindo, como a anterior, em 34). Mas, meus caros, também Zico não ganhou, da mesma forma que Joyce, Proust, Borges, Baroja e Drummond não ganharam o Prêmio Nobel. E chegaram lá um Echegaray e uma Pearl Buck, enquanto foram Campeões do Mundo mediocridades marcantes como Fontana e Dario. Ah, me perdoem o Peito de Aço, favorito do general Médici, por isto brigando com o João (Sem Medo) Saldanha, e o falecido zagueiro do Vasco (e modelo do pintor Lulu de Jasmim). Leônidas e Zico (como os demais citados, a propósito) não precisaram da Copa para entrar na história do futebol, da mesma forma que um Joyce, um Proust ou um Drummond é que valorizariam o Nobel, e não o contrário.

Betty Milan propõe que o futebol deixe de ser a tal "pátria em chuteiras" — da frase marota de Nelson Rodrigues (não por coincidência, cunhada nos sinistros anos Médici) e se associe de forma mais digna no imaginário popular, "fazendo jus à palavra democracia e dando sentido à palavra ética". Ela propõe um Brasil sem medo de ser feliz, que — com nosso Garrincha, ave torta que ensinou o direito a brincar de bola, para que o povo pudesse aprender a brincar de sério — chega a ser, pra valer, bolo e bola de todos, inclusive das mulheres, como uma Anna Amélia e uma Gilka Machado (introdutoras do tema do futebol em nossa poesia). Uma ideada bola-rainha, que, Betty Milan mostra bem, tem a ver com a recuperação da feminilidade plena, pois ainda ocorre assim: "A bola não era tema que devesse, pelo meu sexo, me interessar, e o jogador, fosse ele herói nacional, não era da minha classe".

Vamos viver um pleno país da bola-lá? É o que, em síntese, propõe Betty Milan em sua bela, útil e oportuna pesquisa.

Jornal do Brasil,
23 de dezembro de 1989

AGRADECIMENTOS

A **José Sebastião Witter**, que primeiro me encorajou a escrever este ensaio. "Por que não?", disse ele, já me introduzindo no seu arquivo e oferecendo livros, entrevistas, fotos — o material da sua futura *Enciclopédia do Futebol Brasileiro*.

A **Maria Lúcia Baltazar**, que depois comigo enveredou pela seara da bola e assim, por estar presente, possibilitou-me o risco de pisar em falso até acertar o passo, foi capaz de perder tempo esperando para saber, (co)laborou efetivamente.

A **Richard Montagnac**, do jornal *L'Équipe*, pela sugestão de anexar a este ensaio a seção "Palavra de Campeão", com o ponto de vista de grandes jogadores de diferentes nacionalidades sobre a particularidade do futebol brasileiro.

A **Pascal Grégoire**, também do jornal *L'Équipe*, que se associou a mim, entrevistando jogadores, e assim conferiu ao trabalho a característica da colaboração binacional.

A **Alain Mangin**, pela leitura.

A **Elizabeth e Bernard Mangin**, pela casa de Ville-dieu-la-Blouère, onde, na calma do Maine e Loire, o texto foi escrito.

Este livro foi composto na tipologia Times LT Std,
em corpo 12,5/15,75, e impresso em papel
off-white 90g/m² no Sistema Cameron da
Divisão Gráfica da Distribuidora Record.